ちくま文庫

新版 女興行師 吉本せい

浪花演藝史譚

矢野誠一

筑摩書房

新版 女興行師 吉本せい——浪花演藝史譚【目次】

新版　女興行師　吉本せい——浪花演藝史譚

序章　家庭

乱雑をきわめている仕事机の上を、思い立って整理することがある。置時計と若干の筆記具、「国語辞典」と数冊の書籍、それにルーペ……と、これくらいにしてしまうのである。

そんな整頓をまぬかれて、いつも残されたままになっている一冊の本がある。富士正晴《ふじまさはる》『桂春団治《かつらはるだんじ》』。

奥付を見ると、「昭和四十二年十一月五日初版発行　定価五二〇円」とあり、発行所は河出書房である。

大阪の女興行師で、こんにちの吉本興業の基礎をつくった吉本せいの生涯は、山崎豊子が『花のれん』（新潮社）なる小説に仕立てていらい、数々の舞台化、テレビドラマ化がされていて、ひろく知られるところとなっている。

その吉本せいの評伝を書きたいと考えて、資料など集め出して、もう何年になるか。富士正晴『桂春団治』は、吉本せいが席巻《せっけん》してみせた時代の大阪演藝界の息づかいを、的確に伝えてくれる名著で、だから手許から離し難かったのである。いつでも頁をひらける状態にしておきたかったのである。

久し振りに、この本をひらいたら、一枚のメモがはさんであった。京都・都ホテルのメッセージカードで、チェックインしたときにフロントで渡されたものらしい。ボールペンで、「651号室の佐藤様に電話をして下さい」と記されていて、日付欄を見ると、「'74 FEB 21 17 02」と印字してある。もう十三年たってしまったことになる。吉本せいを書くために資料をあつめ出してからだけで、すでに十三年になるわけで、気のせいか茶に変色を始めているかにうつるこのメッセージカードを、なつかしい気分でしばらくながめたものである。

中央公論社の佐藤優氏にすすめられて、吉本せいのことを書く気になり、評伝のかたちをとるならば、とにもかくにも戸籍謄本を手にいれようということで関西に出かけることにしたのである。ちょうど佐藤氏が関西に出張している期間だったので、佐

吉本せい

藤氏とおなじ都ホテルに僕も部屋をとったのだった。このときのメッセージカードがはさまっていたということは、吉本せいに関する取材旅行のときは、いつも『桂春団治』を持ち歩いていたのだろう。それにしてもあの頃は、べつに評伝を書いたり、調査研究という目的がなくても、自由に他人の戸籍を閲覧したり、複写することができたのだ。

吉本せいの戸籍を求めて、まず明石へ行った。前田勇編による『上方演芸辞典』（東京堂出版）の吉本せいの項を見ると、「吉本興業創立者」とあって、次に「明石市の生まれ」としてあったからである。明石市の生まれならば、明石市役所に行けば、吉本せいの父親である林豊次郎の戸籍が残っているだろうから、豊次郎の三女であるせいのことも、いろいろとわかるはずである。

明石市役所は、明石城址を利用した公園の一隅にあった。長いカウンターの前に、ロビーが広くとってあり、職員はみんな正面の大きな窓を背に、来訪者側をむいて仕事をしている。窓ごしに、冬の瀬戸内海が光っているのだが、仕事をしている職員には見えないしかけだ。

中年の婦人職員がさがし出してくれた林豊次郎の謄本は、罫《けい》のはいった和紙に筆で記入されているもので、細かい書き込みや墨で塗りつぶした跡などもあって、判読しにくいものであった。三女せいの欄には、「明治二十二年十二月五日生」とあるだけで、なにも記入がない。

「この、せいいうひとのこと調べはるんか？　これでは、なんもわからんなァ。戸主の豊次郎が、明治三十二年に大阪市北区西成に転籍してるねん。大阪の北区役所に行かはったら、この次の戸籍があるんとちがうか？　それでいくらかわかるかもしれん……」

ふだん戸籍なんか見たこともないのを、ひと目で見抜いたらしい婦人職員が、とりあえずその古い戸籍を複写してくれながら親切に説明してくれた。

吉本せいの父親林豊次郎が明石から大阪に出て、天神橋五丁目で米穀商を営んだことはよく知られていて、せいはこの大阪時代に生まれたのだというひともいる。ものごころついた頃のせいは、すでにこの天神橋に住んでいたといわれているので、林豊次郎が大阪に出たのは、明石から転籍した明治三十二年（一八九九）よりも早い時期であることは確かなようだ。明石市役所にあった古い戸籍に記されている、明治三十一年一月五日生まれの五女はなの死亡届が、明治三十一年一月十一日付で「大阪府大阪市北区西成川崎」から出ていることでもそれがわかる。

吉本せいを明石生まれと伝えるのは、父親が明石出身で、せい自身も幼少の頃病を得た際に明石で療養したことがあるからにすぎないというむきもある。事実、一代で巨額の産を成した吉本せいは、いろいろなところに多額の寄附を好んでしたが、明石に関した施設や団体にそうしたことをした形跡がない。もし本当に明石生まれだとしたら、故郷に対して多少ともいい顔をしたがったはずだというのである。いずれにしても、明治二十二年（一八八九）十二月五日というせい出生当時は、戸籍に出生地の記載がないから、正確なところはよくわからない。

もう少し戸籍のことをつづけたい。

べつに評伝としての正確さを期したいからではない。それより、評伝としての吉本せいを書くことに、いまの僕は正直あまり興味がない。もっと恣《しい》意的な眼でもって吉本せいという女興行師をとらえた読物にしてみたい気持のほうが強いのである。なのになぜ戸籍にこだわるかというと、吉本せいは家庭的に不幸な女であったように思えてならないからである。

その細腕一本で、一時代の大阪の演藝を支配し、多大の産を成した才覚も、伝えられる、にぎやか好きで笑いを絶やさなかった性格も、家庭面で恵まれなかったことの、裏返しの姿であったような気がするのだ。

戸籍という、しごく無機的にうつる記載をたどっていくだけでも、家庭的に薄幸だった女の宿したかげが見えてくる。

吉本せいの実家になる豊次郎を戸主とする林家も、嫁ぎ先の吉本家も、なぜか転籍をくりかえす。無論、筆頭者の隠居による家督相続や、分家、婚姻のような、転籍することにそれなりの意味を持つばあいもないではないが、単に本籍地を移動あるいは往復するといった、明確にその理由をはかりかねるようなケースがきわめて多いのである。

転籍ばかりではない。この両家には、改名が少なくない。戸籍上の本名とは別の、通称を用いることは、この時代にさして珍しいことではなかったはずだが、戸籍名まで変更するにはなにかと煩雑《はんざつ》な手続きを要するもので、そうした事情は昨今でも変らない。そんな面倒をおかしてまで、この一族が改名に固執した理由は、いったいなんだったのだろう。

世間には、縁起をかつぐひとが少なくないし、伝えきくところによれば、せいも相当なかつぎ屋であったようだ。だが、戸籍に手を加えてまで改名にこだわるひとの多かった家に生をうけ、嫁ぎ先もまたそうした家であるという事実には、それだけで家庭的な不幸のかげを感じさせるものがある。それでなくとも、この時代に戸籍を汚すということは、決して喜ばれることではなかった。

せいの誕生日が、明治二十二年（一八八九）十二月五日であることは前に記した。この日付とて、いじりまわした戸籍には、

〈誤記發見ニ付キ大正拾參年六月貳拾七日吉本吉兵衛ノ除籍ニ依リ出生ノ月「拾壹月」トアルヲ「拾貳月」ト訂正ス〉

と、いったいいきさつがあってのものなのだ。吉本吉兵衛というのは、彼女の夫だが、その夫と死別するまで法的には誤記された誕生日で結婚生活を送っていたことになる。

前に記した明石市にあった古い戸籍には正確な月日が記されているのだが、なにかと戸籍にふりまわされる宿命が、せいの身についていたことを象徴しているような気がしないでもない。

せいの父、林豊次郎は文久元年（一八六一）十二月十日生まれ、母ちよは、元治元年（一八六四）三月十二日生まれとある。父二十七歳、母二十五歳のときの子になるせいは三女で、せいが生まれたとき、すでに明治十六年（一八八三）生まれの長男信之助、二十年（一八八七）生まれの次姉きくがいた。むかしのひとの例にもれず、豊次郎とちよの夫婦には子供が多かった。せいの生まれたあとも、千之助、正之助、勝、治雄という四人の弟と、ふみ、はな、ヨネ、富子のこれまた四人の妹ができている。死亡した長女をふくめ、十二人のきょうだいである。

この十二人のきょうだいのなかで、明治三十二年（一八九九）一月二十三日に生まれた三男の正之助《しょうのすけ》と、明治四十年（一九〇七）二月一日生まれの四男勝のふたりの弟が、後年のせいの仕事に大きな役割を果すことになる。四男の勝は、昭和十四年に、その名を正式にそれまで通称として用いていた弘高《ひろたか》と変更している。

米穀商としての林家は、決して富裕とはいえなかったが、世間的にかなりの信用を得ていた。その時分の大会社天満合同紡績などにも精米を納めていた。ただ、なにぶんにも十二人きょうだいとあって、幼い頃のせいは、弟や妹の子守りで明け暮れたのも当然であろう。勉強が好きで、またよく出来たから上の学校へ進みたい希望を持っていたのだが、当時の義務教育たる尋常科四年で、その先を断念しなければならなかった事情も、そのあたりにあった。

義務教育を終えたせいは、船場のさる実業家のところに奉公に出された。その頃のことだからべつにめずらしいことではないし、きょうだいのなかで、せいだけが他家に働きに出されたわけではない。三男の正之助も、明石の呉服屋に奉公しており、せいを明石生まれと伝える記述は、この正之助の奉公と混同しているのだというひともいる。

せいの奉公先は、月一円五十銭の給金をくれたが、船場でも有名なしまつ屋であった。「身体は労働をいとわず、心は正直に」

という母親の信条が身についていた幼いせいだが、なにごとも節倹だいいちというこの船場の実業家の家風には苦労させられた。

大勢の奉公人や女中の食が、あまりすすんではいけないと、漬物樽をわざわざ土蔵のわきの雨のかかる場所に出し、食事中に悪臭がただようようにしたという。

たまりかねたせいが、朋輩《ほうばい》の女中たちにはかった。

「明日から、毎日一銭ずつ出しおうて、土生姜買わへん？　それ刻んでかけたら、少しは臭みも消えるやろ……」

これが家老の耳にはいり、せいはひどい叱責を受けた。この叱責は、かなりこたえたらしく、後年機嫌のいいときなど親しいひとに何度も語っているのだが、悪臭をはなつ漬物に生姜を刻むことを提案した、幼からざる才覚を自慢している気味もあった。

こうした家風のところで、きびしい女中奉公をした体験が、あとになって女らしからぬ経営手腕を発揮するにあたって大きく役立っていることは想像に難くない。生きた金は惜しみなく使うが、無駄なものには一銭たりとも出さないのが、大阪商法を貫く思想のようなものだが、幼くしてそうした世界に身を置いたせいに、それがしみついたのも当然のことであった。

林せいが、大阪の、

〈東區内本町橋詰町百九拾參番屋敷戸主　吉本吉兵衞二男吉次郎ト婚姻屆出〉

したのは、明治四十三年（一九一〇）四月八日のことであった。だが、富士正晴の

『桂春団治』の巻末にある「桂春団治を書くために出来上った上方落語年表」によれば、明治四十年(一九〇七)十二月に、

〈林せい吉本吉次郎ニ嫁ス〉

とあるし、せいも十八歳で嫁いだと多くのひとに語っているところをみると、入籍以前から実際の結婚生活にはいっていたことは間違いない。せいの夫となった吉本吉次郎は、明治十九年(一八八六)四月五日生まれだから、せいよりも三歳上になる。

吉本吉兵衛家は、上町の本町橋際で荒物問屋をいとなんでいた。屋号を「箸吉」という、かなりきこえた老舗なのだが、せいが嫁いだ頃は、日露戦争直後の時勢に立ち遅れ、折からの不景気にもたたられて、貸し倒れが続出していた。

吉次郎は、この「箸吉」の二男だが、上町の本町橋際の荒物商と、せいの実家たる天神橋四丁目の米穀商のあいだには、取引もあったし、そう遠くはない地理的関係からも、まったく知らないどうしの結婚というわけではなかった。

ところで、吉本家は戸主が吉兵衛を名乗る習慣になっていたらしく、せいが嫁いだ二男吉次郎は、せい入籍翌年の明治四十四年(一九一一)七月に、父吉兵衛の名を襲っている。父のほうは、隠居届を出して吉左衛門となったのである。つけ加えれば、

大正六、七年ごろの吉本一家。右から林正之助、吉本せい、長女喜代子、三女峯子、吉本吉兵衛、それに青山督

父の吉左衛門が吉兵衛を名乗る以前は徳兵衛と称しており、吉左衛門という名は、そのまた父親の隠居名なのである。古い商家にみられる襲名制度の典型である。

せいの夫の吉次郎、のちの吉兵衛は通称を泰三《たいぞう》といった。通称というよりも、吉兵衛を改名したものと記しているものもあるのだが、戸籍上泰三になった事実はない。だが、吉本せいを伝える文献のほとんどすべてが、その夫を泰三と記しているところから判断しても、この通称でもって暮していたことに間違いはない。

せいは、母親の血をひいたのであろ

うか、たくさんの子を産んでいる。最初の子は喜代子と名づけられた女児で、明治四十三年（一九一〇）十一月六日に生まれている。せいが吉本吉兵衛と婚姻の届出をしたとき、すでに身ごもっていた計算になるから、実際の結婚生活と入籍のずれの原因は、このあたりにあるのかもしれない。ついで、明治四十四年（一九一一）十一月十七日に、二女の千代子を得たが、わずか十日の生命しかなかった。大正と年号が変り、三年（一九一四）一月十四日、三女峯子が生まれる。この峯子は、後年法的処置をとって、恵津子と改名している。さらにその翌年の四月十二日、四女吉子が生まれたが、大正五年（一九一六）二月三日死亡している。誕生日をむかえることのできない子であった。

大正五年（一九一六）十二月一日、待望の長男を得た。泰之助と名づけられた。父吉兵衛の通称泰三から一字をとった命名である。だが、この子も短い生涯を大正七年（一九一八）七月五日に終えている。大正九年（一九二〇）九月三日に五女幸子が生まれたが、その二ヶ月後の十一月十三日に、長女の喜代子を失っている。十歳だった。

大正十一年（一九二二）七月六日、六女が生まれた。邦子という。

大正十二年（一九二三）十月二十六日に二男を得た。泰典と名づけられた。やはり泰三から一字とったものだ。

二男の泰典が生まれた翌大正十三年（一九二四）二月十二日、せいは夫の吉兵衛に先立たれるのである。十七年の結婚生活であった。三十七歳という働きざかりの男の生命を奪ったのは、突然の脳溢血だが、せいは三十四歳で未亡人となったのである。家督は、せいが親権を行使して、生まれたばかりの泰典が相続した。

夫を失ったせいは、この泰典の成長に心をかけた。長男を失った母親にとって、たったひとりの男児である。目のなかにいれても痛くない式の育て方をしたというのも、わかる気がする。事実、せいは泰典を溺愛した。泰典は、昭和十八年六月十八日、その名を正式に穎右と改めている。「えいすけ」と読むもので、戸籍上の改名に先立って用いられていた、これも通称であった。

穎右は、成人してもなにかと病弱気味で、せいの意にそまぬ恋愛事件をおこした上で、昭和二十二年五月十九日病死してしまう。晩年のせいが、穎右にたくすところは多大なものがあった筈で、彼の若死のショックが、せいの生命をもちぢめたというひともあるくらいだ。穎右の恋愛は、せいにとって裏切行為だったのだが、これについては後にふれる機会があるだろう。

大勢のきょうだいを持ち、そのために進学をあきらめねばならず、嫁いでは八人の子を得ながら五人まで失っている。八人というのは戸籍に記載されている数で、せい自身の口から十人の子を得たときいているひともいるので、このほかにも流産、死産のたぐいがあったのかもしれない。その上、成長をみた唯一の男児には、精神的に裏切られた末に、若くして先立たれている。

三十四歳で未亡人となったせいは、その後二人の実弟の協力をあおぐというより、たくみにあやつって事業をつづけていくのだが、実弟という血のつながりにどうしても執着せざるを得なかったところに、家庭的な不幸を事業のエネルギーに転化させようとした、せいの心情がうかがえる。女の感覚とは信じかねるようなきびしい商売をしてみせる一方で、遊びに来た客が帰ろうとすると、懸命にひきとめて、さびしがったという吉本せいには、つねに家庭の幸福を願望するものがあったように思える。その意味では、十七年間にわたった吉兵衛との結婚生活は、たとえ八人の子を成したにせよ、せいにとっては意にそまぬものであった。どんな事業に成功するよりも、所詮《しょせん》女の幸福は家庭にあることを、せいはよく知っていた。

せいの、特定の藝人に対する異常なまでの溺愛ぶりを、「たとえ肉親でも、あれだけつくすことはできない」と指摘するひとが少なくない。それほど目をかけていた藝人を、ほんの些細なトラブルから、掌《てのひら》を返すような扱いをして、そのあとは目もくれぬなどというはなしをきくにつけ、家庭的な不幸にならされた女が財をなす以外に、気持の充たされることがないと発奮したばあいの、商売のひとつのやり方を見る思いがしないでもない。

吉本せいが、多少とも皮相な目があるにせよ、「女今太閤」だの、「女小林一三」などと、世間から見られるまでに至った成功の、いちばんの要因は、家庭的不幸にあったように思われる。

吉本せいの転籍をくりかえしてきた戸籍は、そうした家庭的な不幸の、叙事的な記録のように読めてくるのだ。

一　第二文藝館

　吉本せいの結婚生活にまつわるエピソードには、多分にせい自身による脚色のあとが見える。後年、女興行師として成功した結果、「女今太閤」式の出世美談がたくさん生まれたことが、その原因にちがいない。

　この種の出世美談が、必要以上に粒々《りゆうりゆう》辛苦《しんく》したさまを強調するのは世のならいだが、吉本せいのばあいも例外ではなかった。いきおい、吉本家における結婚生活は悲劇的な様相をおびてきて、夫は甲斐性がなく、無能な遊び人という評価がなされることになる。また、せい自身、晩年好んでそうしたはなしをした気味がある。すぐれた演藝プロデューサーであった彼女は、自分を演出することも忘れはしなかったし、また巧みでもあった。

ただ、せいが嫁いできた頃、荒物問屋「箸吉」が相当の苦境にたたされていたことはたしかで、債権者との応対に、この新妻がしばしばかり出されたのは事実だったらしい。夫の吉兵衛、通称泰三がこうした店の状態から逃避して、藝人遊びにうつつをぬかすようになったというのも、うなずけないことではない。写真で見る吉兵衛は、でっぷりした身体つきの、鼻下に髭をたくわえた、気の弱そうな男である。剣舞には、相当凝っていた。

吉兵衛の戸籍を見ると、母欄が空白になっているが、せいが嫁いできたときは、吉兵衛の父の後妻、つまり吉兵衛の継母になるユキがいた。この姑が、口やかましい女で、なにかとせいにはつらくあたった。

結婚して、三日の里帰りから戻ってきたせいをむかえるや、家一番の大盥《おおだらい》に山とつけられた厚子《あつし》の洗濯をさせたという。ゴツゴツと地の厚い厚子を十枚も洗い終えたときは、さすが船場の大店の女中奉公できたえたせいの両手のひらの皮も、すっかりむけて、盥の水が血で染った。いわゆる姑の嫁いびりというやつだが、当時のはなしとしてはさほどめずらしいことではなかろうし、また、せいには姑にこうした態度をとらせがちの、気の強さがそなわっていたはずだ。

家族は、せい夫婦、夫の両親、夫の実弟、異母弟など十人だったが、その賄《まかな》いの一切が、新しくせいの仕事になった。米は南京米が半分まじるという節約ぶりが、米穀商に育ったせいに、どううつっただろう。米もさることながら、おかずなども船場の奉公先に勝るとも劣らぬ状態であった。ある日の昼食のおかずに、蒟蒻《こんにゃく》を三銭買ってくるようにと姑からいいつかったせいは、一丁五厘の蒟蒻を六丁買い求め、だしじゃこを入れ煮しめにして食膳に出したところ、

「この蒟蒻のたき方はなんやネ。正月の煮しめやないでェ。蒟蒻を惣菜に買うたんは、おつけにするためやでェ。おつけやったら、汁でおなかが一杯になるさかい、ごはんの足しになりますのや。こないな所帯持ちの悪い嫁に来られては、わてら乞食せななららん」

と姑にいや味をいわれた。

こういうことがあっても、吉兵衛は一向に妻をかばおうとはしなかったばかりか、より放蕩に明け暮れたというのだが、明治末期の日本の家庭の姿としては、格別に変ったことではないだろう。

酒をたしなまない夫だったそうだが、家をあけることはたしかに多かったようだ。

ただ、債権者が押しかけてきてるのに姿も見せず、せいが懸命のいいわけをして、やっとのことでひきとってもらうと、どこかにかくれていた吉兵衛があらわれて、

「下手な断わり方をする」

と、床の間の日本刀をふりあげ、せいの背中にたたきつけ、そのまま本当に姿を消してしまったなどというはなしは、せいが多分に自分を悲劇の主人公に仕立てあげたきらいがないでもない。いかにも苦労した女のつくりそうなはなしである。気の弱い吉兵衛としては、しっかりした妻の性格が、けむたいものにうつり、自分をとりまき、持ちあげてくれる藝人たちとの、遊びの世界によけいのめりこんでいったのであろう。

昭和三十七年に没した大阪の漫談家花月亭九里丸《かげつていくりまる》は、東京に出てくると神田伯山《かんだはくざん》、徳川夢聲《とくがわむせい》との三人看板で売れたひとだが、藝のほうははなはだしく言語不明瞭であまり面白くなかった。終生、吉本興業の禄をはんだことを誇りにしていて、上方演藝の研究家としても確固たる足跡を残している。その編著『大阪を土台とした寄席楽屋事典』（渡辺力蔵刊）で、吉本吉兵衛のことを、

〈だらしのない極道者ではない〉

としながら、こう書いている。

〈好きな道としてその頃大流行の剣舞を旦那芸として覚えたのが病みつきとなつて、その芸を大勢の人達に見せたさに、女賊島津お政本人出演のざんげ芝居の太夫元になつて、地方巡業をして、泰三自身が幕間に出て、黒の紋付小倉の袴、白鉢巻に白だすき、長い刀を腰にぶち込んで、詩吟につれて、鞭声粛粛夜渡河　暁見千兵擁大牙で飛んだり跳ねたり。少年団結白虎隊　国歩艱難成保塞で女の子に手を叩かせたりしてゐたのはよかつたが、興行にはズブ素人の悲しさ、狡猾な地方興行師の悪辣なわなに陥されて散々の大失敗。これがため家業の荒物問屋が二度までも差押への憂き目を見た〉

ここには、大店の若旦那のひとつのタイプがうかがえる。落語家に、縮緬《ちりめん》の座布団を贈ったり、高座着をこしらえてやったりしているうちはよかったが、好きが昂《こう》じて自分も舞台にといった旦那衆は、よくある型で、その時分は少なくなかったのである。吉兵衛のばあいいささかその度がすぎて、友だちの通称サンパツなる印刷職人にそそのかされて、旅興行の一座の太夫元を買って出たりしたものだから、ますます家業のほうがおろそかになる。家をあけることの多くなるのも道理というものだ。こうしたことは、家人の側から見れば道楽三昧《ざんまい》の放蕩にちがいない。だが、吉兵衛にすれば、こんなことで傾いた家業を救えるかもしれぬ、つまり、藝が身をたすけてくれるのではあるまいかといった思惑があったはずである。なにも、ただ遊びほうけているわけではないとするいい分が、彼の行動に拍車をかけることになる。

それに、その時分の藝や興行の世界には、地道な商売しか知らなかった身には、まことに魅惑的にうつる、投機の成功した実例がたくさんころがっていたはずで、起死回生に賭けているつもりの吉兵衛が、この世界に淫するようにのめりこんでいったというのも、あながち乱暴なことともいいきれない。同時に、それが家庭生活からの逃避でもあった。

思ったとおりことがはこべば、世のなか苦労はないので、そう簡単に行くものでないことを見抜けないあたりが、若旦那の若旦那たるゆえんであった。世間知らずの吉兵衛にとっては、ますます家業を傾ける結果となった自分の道楽も、もとはといえば善意からのものであった。

「箸吉」のあった本町橋詰に、市電が通ることになり、明治四十二年（一九〇九）吉本家は立退きを命ぜられ、東区大手前というから大阪城の近くへ移転することになった。これを機会に、由緒ある老舗としてきこえた荒物問屋も廃業のやむなきにいたる。

この大切な時期にも吉兵衛は旅まわりを続けていた。

荒物問屋をたたんだ吉本家には、収入がなくなった。かといって、遊びぐせのついた若旦那にふさわしい職などそうそうころがっているわけもなかった。生活の重荷は、せいの両肩にのしかかってくる。やむなく、せいは実家に戻り、吉兵衛も旅まわりから帰ればそこに身を寄せたが、一銭の金を家に入れるではなかった。こうした状態が、せいの実家たる林家から気にいられるわけがなく、せいの実父はしばしば、「先の見込がないなら別れてしまえ」と口にしたという。これは、後年せい自身が語っていたことだが、同時にせいは別のところで、「嫁入り先から戻るときがあるなら、骨になって帰れ」と実父にさとされたともいっている。

無論、夫婦別れすることなく、この苦況を耐えしのぶのだが、こうしたまったく矛盾する実父の言葉を引きあいに出すのも、自分がいかにつらい思いをしながら妻としての立場を守りとおしたかを誇りたい心情からである。自分の口でかざり立てられた、良妻という婦人像に、せいは固執したのだ。いずれにせよ、せいにとっても一度出たはずの林家は、決して居ごこちのよい場所ではなかった。

家をあけ、金を入れない夫を持った女の身が、たよる仕事といったら、せいぜい手内職ぐらいしかない時代である。せいは、針仕事で夜を徹した。羽織一枚縫って二十五銭、着物で二十銭。一日に五枚仕上げたこともあるという。これだけで、大黒柱のいない一家をきりもりしていけるわけがない。ついに、せいは寄席のお茶子（寄席の客席や高座・楽屋の雑用係）として働きに出たというひとがいる。これが後になって、寄席経営に乗り出すきっかけになったというわけだが、どうもこれは実際に寄席の経営にあたりながら、お茶子までつとめたはなしと混同している気味がある。お茶子の仕事を通じて寄席経営を思いつくというのは、はなしとしては面白く、いかにもせいの才覚を感じさせてくれるのだが、いささか疑わしい。家をあけがちの夫がうつつをぬかしている世界に、いかに生活が苦しいからといって、好んでとびこむ女があるだろうか。

いろいろの曲折があって、吉本吉兵衛、せい夫婦が「吉本興行部」の看板をかかげ、寄席興行に乗り出したのは、大正二年（一九一三）一月のことである。きっかけとなったのは、それより先、明治四十五年（一九一二）四月の天満天神裏の端席《はせき》第二文藝館の買収であった。この第二文藝館買収を、「吉本興行部」の発足と混同している資料も多いのだが、ここでは『大阪百年史』（大阪府刊）の記述にしたがっておく。いずれにしても第二文藝館が、事実上の吉本発祥となるわけで、それは上方演藝に新しい色彩がぬり加えられる夜明けでもあった。

この第二文藝館のあったという、天満天神の裏門付近を、初めて訪れたのはもう何年前のことになるか。

京阪電車に、天満橋という駅があるから、そこでおりればすぐわかると判断したのが、東京者の大阪知らずで、ことはさほど簡単ではなかった。造営された天暦三年（九四九）の頃は天神の森なる鬱蒼《うつそう》とした地であったのだろうが、なにしろ当節のこと、高速道路は頭上を走り、小さなビルは乱立し、とても学問の神様の住む風情などない。それでも、そんな雑然たる街なみを、右に左にしているうちに、ほんとに忽然と眼前に権現づくりの本殿がとびこんでくるあたり、なんだか狐につままれたような気がしないでもないが、ここは正しく天満の天神様で、お稲荷さんではないのである。

学問の神様には申し訳ないが、学業成就のお詣りはごく安直にすませて、かつて第二文藝館が位置したという裏側に出てみるとこれがなかなかいい。しっとりとしたたたずまいの、薬屋だの、寿司屋だのが目につくだけで、べつにこれといった特徴もない、ごくごくふつうの静かな文字どおりの裏道なのだが、いかにもむかしさかえた門前町らしい雰囲気が残っていて、正面の殺風景な街なみをすくってあまりある。第二文藝館のあった時代、ほかにもいろいろな寄席が軒をならべた繁華街であった面影をわずかながらも残してくれているのだ。

『百年の大阪2』（浪速社）という本に、この地の古老たちが復元してくれたという、明治三十年（一八九七）から四十年（一九〇七）頃にかけての「新門通り界わい」なる地図が載っているのだが、それによると鰻屋やカレーライス屋、すき焼屋、寿司屋、梅鉢まんじゅうの店などにはさまれて、有名な浪花節の国光席のほか、第二文藝館、万歳の吉川館、芝居の天満座、色物の朝日席、杉の木亭、女義太夫の南歌久、講釈の八重山席などが軒をならべていた。第二文藝館は、浪花節の国光席と、すき焼の千成のあいだの小さな席であった。

吉本せいが、第二文藝館の経営に参画するにいたったいきさつは、夫の藝人道楽がとまらないと見てとって、

「それほどまでに好きな藝の世界やったら、いっそご自分で寄席を始めはったらどうですか」

とすすめたように伝えられている。

『大阪百年史』のなかの、「吉本興業の発展」なる項にも、

〈主人吉兵衛（のち泰三と改名）が芸人道楽で家業を顧みなかったところから、妻せいは夫に寄席経営を勧め〉

と記されている。

だが、「家業を顧みなかった」夫の道楽を助長することになりかねない危険な賭けを、生活の苦労にこりてるはずのせいがするとは思えない。やはり、吉兵衛のほうから持ち出したはなしと考えるほうが自然である。おそらく、藝人たちとの旅まわりに明け暮れ、太夫元の真似ごとをしたり、自ら剣舞で舞台に立ったりしているうちに、この天満天神裏門の第二文藝館が売りに出ているはなしを小耳にはさみ、せいを口説いたものだろう。

第二文藝館を手にいれたといっても、土地家屋を買いとったわけではない。だいいち、内職で辛うじて糊口をしのいでいるありさまの吉本家に、そんな大金があるはずもなかった。経営権を得ただけである。

それでも、約五百円の金を用意しなければならなかった。まさに瀕死の状態にありながら、老舗《しにせ》としての気位だけは失っていない吉本家は、はじめから、

「なにも河原乞食になりさがることはない」

と、この計画に反対していたから、資金はせいが八方借金に歩いて調達する以外に策はなかった。せいの実家である林家にも頭をさげている。こうしてこしらえた資金のうちの三百円が敷金に消えている。

この第二文藝館を手にいれるのに要した費用は、一説によれば二百円ということだが、いまとなっては調べる手だてもない。ただ、五百円という金額は、後年せいが成功してからひとに語っている数字であることを思うと、そこに多分の誇張があることは充分に考えられる。そればかりではない。せいは、それ程までにしてかき集めた資金の残り二百円を、夫の吉兵衛が手にして、また家をとび出したと、ある婦人記者に語ってもいる。どうも、夫を失ってからのせいは、自分の苦労したさまを必要以上にかざりすぎたあまり、夫の行跡のほうも多分に大仰に伝えた気味がある。

当時の大阪寄席演藝界は、両立する落語の桂派・三友《さんゆう》派に対して、上本町富貴席の太夫元岡田政太郎の浪花反対派が、その勢力を競うというよりのばしつつあるといった状況にあった。

吉本せいと吉兵衛夫妻の手になる第二文藝館は、この浪花反対派との提携で出発し

たのだが、このときの顔ぶれを、『大阪百年史』は、
〈落語に桂輔六・桂金之助・桂花団治・立花家円好、色物に物真似の友浦庵三尺坊・女講談の青柳華嬢、音曲の久の家登美嬢、剣舞の有村謹吾、曲芸の春本助次郎《ママ》、琵琶の旭花月、怪力の明治金時、新内の鶴賀呂光・若呂光・富士松高蝶・小高、軽口の鶴屋団七・団鶴、義太夫の竹本巴麻吉・巴津昇、女道楽の桐家友吉・福助らであった〉
と記している。

無論、開場興行にこれらの藝人全員が顔をそろえたというわけではなく、岡田政太郎の浪花反対派との提携によって、これだけの顔ぶれが用意されたという意味であろう。のちに、ひとつ毬《まり》の名人といわれ、むしろ東京で活躍した春本助治郎の名を見出したりするものの、一流とはいいかねる顔ぶれである。

だいたい、第二文藝館なるものが、天満天神裏という当時の大阪きっての繁華街に位置しながら、寄席の格からいえば最下級の、いわゆる端席であった。いきおい木戸銭のほうも、そう高くはとれず、ふつうの寄席が十五銭の時代に、五銭で出発せざるを得なかった。「五銭ばなし」とよばれるこうした端席に、一流の落語家などはめったに顔を出さない。木戸銭は五銭でも、さらに一銭が下足代に消えるので、実質六銭

で落語をきかせるわけである。客のほうは、六銭で落語がきけるとありがたがっても、落語家のほうには、「俺の落語が五銭か」という頭がある。それに、こうした端席ばかり歩いて「端席の藝人」としての評価が下されてしまうことを、腕のある藝人は喜ばなかった。

第二文藝館の家賃は百円だったというのだが、木戸銭五銭の端席のそれとしては決して安くはない。それでも一晩に七円、旗日といわれる祭日や、天神祭の当日などは三十五円のあがりがあったという。

この小屋の収容人員が、どのくらいのものであったのか定かではないのだが、わずか五銭の木戸銭で三十五円のあがりというのが、尋常な数字でないことはよくわかる。もちろん、当時の寄席にはこんにち見られるような指定席の制度はないし、いうところの入替なしの出入り自由といった畳敷のつめ込み方式で、定員をはるかに上まわる延人員が入場したことは想像に難くない。それにしても、三十五円という金額は、単純計算で五銭の木戸銭支払った客七百人分のあがり高である。どうつめこんでも、七百人はいらない小屋に、七百人の客をつめこむ方策を生み出したのが、吉本せいの才覚で、後年これがいわゆる吉本商法の基本になったといわれるのだが、果してこれもせい個人の考え出した商法であるのか、疑問がないわけではない。この世界のからくりや裏表に精通していたのは、むしろ夫の吉兵衛であったはずで、吉兵衛による入れ知恵のようなものが、まったくなかったとは、ちょっと信じ難い気がするのである。

つまりこういうことなのだ。物日のように客が一杯にはいって、熱気にみちているときなど、わざとそのままにしておく。空気を入れかえて、風通しよくしようとしないのだ。当然息苦しくなった客は、退場して、それだけ回転がよくなるのである。にわか雨が降り出すと、雨やどりがてらの客がつめかける。木戸口に、「五銭」と標示してある看板を、ひょいと裏がえすと「十銭」になっている。一人はいって二人分の木戸銭というわけだが、これは吉本夫妻の発案ではなく、当時の寄席の常套《じようとう》手段でもあった。

客の回転をよくするために、高座の回転をはやめるなどという、あざとい方法もとった。あまり客席に動きがないと見てとると、先刻出た藝人をまた出すのである。客のほうに、

「ああ、もうひとまわりしたんかいな」

と思わせるしかけである。

かと思うと、うんと下手くそな、受けない藝人をあいだにはさんで、思いきり長時間やらせる。客をだらけさせる作戦なのだ。藝人のほうは、

「ほかのひとには短こうやれ、短こうやれいうといて、なんでワイだけ……」

と思いながらも熱演するから、客のほうはますますしらけて、

「も、出よか」

ということになる。

こんなわけで、小さな端席の第二文藝館だが、標準定員の何倍かの効率を挙げたのである。

その時分、大阪に限らず端席とよばれるところの経営規模は、どこも小さなものであった。かかえている従業員の数もしれたものである。第二文藝館を吉本せい夫妻が手がけるようになったときも、まず第一に考えたことは人件費をおさえることであった。雇い人を最低限にとどめて、家内工業的なやり方をしていかなければ、開場にあたって八方から調達した借金を返すことはおろか、日々の暮しすらおぼつかないことになる。

せいは、ひとりで数人分のはたらきをしたらしい。客席を整理するお茶子の役目を

つとめたかと思うと、その前掛けをはずし羽織をつけて、楽屋では藝人の身のまわりの世話をこまごまとやいた。汗にぬれた藝人の背中を、冷たい手ぬぐいでふいてまわるのである。端席まわりの藝人は、弟子を連れて歩くような身分でないので、そうしたことはすべて自分でやるよりなかったのである。それを、かりにも席亭のおかみさんが自ら手助けしてくれるのである。たいていの藝人が恐縮した。おなじ安い給金なら、少しでも自分を大切に扱ってくれる席のほうにちからをそそぐのが藝人の人情であることを、せいは感覚的に知っていた。

「第二文藝館のおばはん、なかなか気ィきくなァ」

そんな噂が、端席まわりの藝人のあいだに立ってくれれば、思うつぼなのであった。二十三歳、小柄ではあるが丸顔で、見方によってはなかなかの美形だったせいは、自分のこうした気づかいが、藝人たちを喜ばせることに満足した。

七月二十五日の天神祭まで、天神裏の寄席はどこも入りが悪くなるのがきまりだった。昨今のような冷房など考えられない時代、涼をとるものといったら団扇《うちわ》か扇子でばたばたやるくらいとあっては、とても寄席へ出かけて落語でもきこうなどという気分にはなれない。第二文藝館も、三分程度の入りといった成績がつづいた。どこの寄席も似たりよったりで、こうした時期には、ただじっとしてしのぐ以外に方策がないとするのがその時分の寄席経営者の考えであった。

ふつうの小屋より安い木戸銭しか取れない端席では、客が沢山入ってくれること以外に収入を増やす道がない。ほんとうにそうだろうか。気のせいか、音もしめりがちのハネ太鼓につられ、きょうも目勘定できる程度の客がちらほらと、汗をふきふき木戸から出てくるのに、

「おおきに、またおこしやす」

と頭をさげながら、せいには突然ひらめくものがあった。

ああして汗をふきながら帰っていくお客さんのうち、何人かはその辺の氷屋にでも寄って、のどをしめしていくにちがいない……。思いつくと、決断は早かった。後年、大阪の寄席演藝界を一手に支配するようになってからも、決断の早さが彼女の自慢であった。

あくる日、洗い張りに使う板でこしらえた台の上に氷をのせた即席の出店を、木戸の前で開いた。松屋町の菓子問屋で仕入れてきた冷し飴の瓶を、とりあえず数本氷の上にならべると、手のひらでゴロゴロと回転させながら道行くひとによびかけたので

ある。

「ええ、冷たい冷し飴、一本二銭……」

おどろくほど売れたという。無論、夏の大阪の街で冷し飴を売る光景など珍しくもなんともなかったが、たいていは四斗樽《しとだる》のなかに氷の塊といっしょに冷し飴の瓶を入れて売るもので、氷の上で瓶を回転させながら売ったのは、せいの考案であった。これが評判になったのである。最初は、第二文藝館から帰る客を相手のつもりが、道行くひとのあいだでとぶように売れ、冷し飴を買ったついでに五銭払って寄席の木戸をくぐる者もふえてきた。

妙なもので、木戸口の前で冷し飴がよく売れると、寄席の中売りで扱う菓子や飲もの類《たぐい》の売上げも増加するのだ。この中売りの品物にも、せいは再検討を加えた。

「甘いものは売らんでおこう。おかき、あられ、酢こんぶ、焼いか……なるべく辛うて、のどのかわくもんがよろしいな。のどがかわいたら、ラムネがぎょうさん売れるさかい」

それればかりではない。冬場になると、はねたあと、客席の客の残したみかんの皮をひろいあつめ、乾燥させたうえで近くの漢方薬屋に売りに出かけた。

多少ともこの世界の事情にはくわしいはずの、夫吉兵衛も気づかなかった、せいの女ならではの思いつきが、すべてうまくはこんだことに、無論、僥倖《ぎようこう》もあったにちがいない。だが、そうした僥倖を引きこんでしまうような強い運を、吉本せいという女が持っていたのも事実であろう。

こんなせいのはたらきをよそに、吉本吉兵衛が、自分にとって好きな道であるはずのこの商売に、思ったほどに身をいれなかったことも多くの文章が伝えている。吉兵衛としては、自分の好きな道であるだけに、玄人としての誇りがあったのだろうが、そうした誇りが商売ということになると邪魔にしかならないことを熟知していたせいは、せっぱつまったがけっぷちに立たされた心境で、なりふりかまわず思いどおりの商売をしたのだろう。そんなせいの行動が、せっかくの新しい仕事に、それなりにかけていた吉兵衛の出ばなをくじき、不満となって残ったことも想像に難くない。新しい仕事に吉兵衛がさほどちからをいれなかったという事情には、こうした背景がひそんでいたようだ。いずれにせよ、第二文藝館はせいの孤軍奮闘のはたらきでどうにかなっているように、外見にはうつった。

寄席の経営者のことを「席亭」というのだが、その時分の席亭の藝人に対するちからには絶大なものがあった。席亭のひと言で、出演する場を失う藝人がいくらもいたから、藝人が席亭をおそれる感情は、なみのものでなかった。その辺の事情は端席にあってもまったく同じで、いやむしろ端席にしか出られないような藝人にとっては、その端席からしめ出されたらば行き場を失うだけに、席亭にさからうことなどとてもできることではなかったのである。

その席亭の夫人である吉本せいのやり方は、こうしたいままでの藝人との関係をふまえない、まったく新しいものであった。

平民社や青鞜社による婦人解放運動も起っていたが、まだまだ女性の地位の低かった時代である。家庭にしばられて、夫権に追従しているのがふつうだった女性が、男とおなじ仕事にたずさわることには、多大の困難がともなったのだが、そうした女性が成功するには、いわゆる「男まさり」といった気風を発揮してのものであるばあいが多い。せいは、まさにその男まさりのはたらきによって、あるときには席亭夫人というより、席亭そのものの立場に立って、なにかと手を抜きがちな吉兵衛にかわり第二文藝館を順調に運営していったのだが、その男まさりは、同時に「女らしさ」の裏がえしでもあった。

通常にらみをきかせる立場にあった席亭が、そうでなく自分たちの味方であると知ったとき、さして売れてはいない二流の藝人たちが、その席亭に忠誠をつくす気分になるのは当然である。せいは、「やさしさ」という、女ならではの心づかいを武器に、いつの間にか藝人をつかんでいった。そのやさしさが、彼女の本心からのものでなく、ひとを使う立場にある者のひとつの技術であることなど、そんなやさしさにふれたことのない藝人たちに見抜けるわけがなかった。いたずらに監督の目を光らせて、きびしくことにあたるより、やさしい、ものわかりのよさを発揮したほうが、より効果的であることを、船場の実業家のところに女中奉公した時代に、おのが身体で知ったのである。

藝人と、席亭とのつながりは、金でしかなかった時代に、「こころ」を持ちこむことによってその席に対する忠誠心を植えつけることに成功したせいは、同時に客に対しても金に見あうサービスをした。雨が降ると急に客が立て混むのがその時分の寄席のつねで、下足やお茶子はよりいそがしくなるのだが、そのいそがしさをぬって、せいは、客の泥でよごれた下駄を、せっせと洗ってあずかったという。ふつうの寄席よりも木戸銭の安い端席が、こうしたこころづかいをするのだから、自然客の評判もよくなる理屈で、金を投じて席の宣伝をするよりも、より効果のあることを計算した女ならではの知恵であった。

ところで、岡田政太郎の浪花反対派と提携して寄席経営に手をそめたことが、のちの吉本せいにとって多大の幸運をもたらすことになるのだが、このあたりの判断には、そうした事情に決してうといはずのなかった吉兵衛の配慮がものをいったにちがいない。あるいは、第二文藝館の経営権を得ること自体が浪花反対派のちからを借りぬことには不可能だった事情がはじめから存在していたのかもしれない。いずれにせよ、新しい仕事の出発に際して、勢力をのばしつつあるところと手を組んだところに、吉本せいの経営者としての幸運があったことは間違いない。

もともと大阪の落語は、桂派が主流をしめていたのだが、その桂派の首脳部に不満の念をいだいた月亭文都《つきていぶんと》、三代目笑福亭松鶴《しょうふくていしょかく》、二代目桂文團治《かつらぶんだんじ》らが、明治二十七年（一八九四）に結成したのが三友派であった。正統的な落語ということで、なによりも格調の高さを重んじ、上品な演出に終始した桂派にくらべ、万事が派手でにぎやかさを売物にした番組編成が人気をよび、たちまち桂派をおびやかす存在になってしまった。さらに、この両派に対抗して、ちからをのばしてきたのが岡田政太郎による浪花反対派で、花月亭九里丸編の『大阪を土台とした寄席楽屋事典』は、こう記している。

〈大阪で落語の桂、三友両派がしのぎを削つてゐる全盛期に、いまの枚岡市池ノ島町から大阪へ出て来て、玉造の風呂屋で成功した〝風呂政〟ともいへば、色が黒いので〝黒政〟ともあだ名のある岡田政太郎が、明治の末期に、「なんでも構か《ママ》ぬ、上手も下手もない、銭が安うて、無条件に楽しませる演芸」を看板に、桂派や三友派やない、うちは反対派やと、強豪両派のB級以下の落武者、旅廻りのうだつの上らぬ連中を寄せ集めて、内安堂寺町上本町を東へ入つた講談の席梯亭（はしごてい）を手入れして富貴と改称して発足したのが始まり。それからトン〱拍子の大成功で、チェーンの寄席は増えるは、攻撃目標桂、三友両派から大真打、売れつ子が集つて来る、大成功を収めたが、宿望半に達せずして斃れた〉

また、この時代の大阪落語界の、じつに種々雑多なる資料を豊富につめこんだ、「月亭春松事植村秀一郎」を「編輯兼發行人」として、「橋本卯三郎」を「發行所」として刊行された『落語系圖』なる奇書がある。橋本卯三郎は、三代目の三遊亭圓馬《さんゆうていえんば》として、東京、大阪を股にかけて活躍した落語家なのだが、この『落語系圖』では岡田

政太郎を、「太夫元兼席主」として、

〈明治四十三年東區内安堂寺町上本町東エ入南側富貴席に居住する落語、新内、軽口、音曲踊り、剣舞、琵琶、奇術種々之色物にて反對派を組織す〉

と記して、派手な太神楽の藝人の着るような衣裳を身につけた半身像写真を載せている。

第二文藝館が、この反対派から藝人を借りて興行をはじめたことを、せいの夫吉兵衛が藝人遊びにうつつを抜かしていた顔のひろさがものをいって、いろいろの藝人が出演してくれたのだとするむきもあり、それはそれで事実でも、ことの一面だけしかとらえていないような気がする。吉兵衛の顔のつながりとは、むしろ岡田政太郎とのつきあいの面でより強く結ばれていたはずだ。

だいいち、せいにとっては敵地ともいうべき領域にとびこんでの商売に、そうした夫の顔のつながりだけに頼ることの危険を感じなかったわけがない。顔のつながりという日本人的なつきあいが、ビジネスとしての関係をこえたマイナス面をもたらすことを、充分すぎるくらい知っていたせいは、そのあたりをほどほどにしておきたかったにちがいない。その点で岡田政太郎のたすけを借りてプログラムを組むことは、せいにも異存のあるわけがなく、吉兵衛と岡田政太郎の提携を、むしろ積極的に進言したように思われる。

岡田政太郎の浪花反対派のやり方は、かなり強引な面があったらしく、さほど売れていない二流三流の藝人も大勢かかえていたようで、こうした藝人たちに仕事を与える意味でも、第二文藝館は格好の存在であったのだろう。端席まわり専門の二流藝人たちにとっては、そんな端席がひとつでも増えるのは、想像以上に有難いことであったはずである。

時流にのった感のある反対派は着々とその勢力をのばしていった。だが、そののび方は藝術的な面で高く評価できるものではなかったようで、そのあたりの事情を前田勇は、『上方落語の歴史』（杉本書店）に、こう記している。

〈桂派・三友派の対立は、まだまだ上方落語を発展させることに貢献した。それは芸道の上の対立だったからである。しかし反対派とは、落語という話芸を育てるための一派ではなく、その興行を時勢に副わしめるための手段以外の何物でもなかったのである。反対派とは、落語家によって落語のために立てられた流派ではなく、興行主によって興行のために偽装された流派に外ならない。主義もなければ方針もなく、ただ岡田氏の温情一つを頼りに雲集したこれらの落語家連こそ、三百年の上方落語史を、えいえい声で千仞の崖っぷちへ運ぶことに貢献しただけである〉

反対派に参集した落語家たちに、主義や方針がなかったように前田勇は記しているが、もともと落語家のように、おのれの身ひとつが商売のもとになるひとびとにとって、なまはんかな主義や方針は邪魔になるだけでしかなかったのである。たとえそれが、「興行のための偽装された」ものであるにしろ、温情をもって自分の身を、一銭でも高く買ってくれるところに頭をさげて集まるのが、自然なのである。

そうした藝人たちの心理につけこんだ岡田の反対派は、うまい商売をしながら勢力をのばしていったわけだが、そんなやりかたをこの世界にはいって新しい吉本せいは、醒めた目でもってじっと観察していたにちがいない。

第二文藝館を開席したあくる大正二年（一九一三）一月に、はやくも正式に看板をあげた吉本興行部は、この第二文藝館を足がかりに着々とその基礎をかためていった。たとえ木戸五銭という小銭であっても、いうところの日銭商売で金が回転し、その回転にかかわることは、これまでのせいの生活体験になかったことであった。これを利用しない手はないと考えた彼女は、この第二文藝館を足場にして、翌大正三年（一九一四）には福島の龍寅館を手に入れることに成功する。さらに、梅田の松井席、天神橋筋五丁目の都座などに、つぎつぎと手をのばし、その基盤を着々とかためていくのだった。

多角経営という言葉が、その時分から使われていたかどうか知らないが、一軒よりも二軒、二軒よりも三軒の席を、一度に経営するほうが経済面でリスクが少なくなることを身をもって知ったせいは、それまでの席亭のほとんどが、一軒の席を無難に回転させていくことだけで満足していたやり方の、逆手をとったのである。

もっとも、こうして手持の席をふやしていくにはやはり夫の吉兵衛の顔がものをいった。いかに男まさりの気風で、寄席の内部であがってくる金銭の回転に関して鋭い感性を発揮できはしても、席の買収といった修羅場じみた世界にはいっていくには、どうしても男のちからを必要としたのである。また、こうした局面にあっては、ふだんはあまり商売に気をいれていないかにうつる吉兵衛が、自分ならではの腕を発揮してみせたというのも納得がいくはなしである。

前にあげた『落語系圖』に、「大正三年八月大坂《ママ》反對派岡田興行部連名」というのが載っていて、これの「席」という部分を見ると、

〈上本町　富士席　天満　文藝館　松屋町　松竹座　堀江　賑江亭　京町堀　文藝館　松島　蘆邊館　平野町　此花館　福島　龍寅館　千日前　集寄亭　梅田　松井席　天神橋五丁目　都座　日本橋五丁目　京山席〉

と、十二軒の席名が記されている。大正三年といえば、すでに「吉本興行部」の看板が、天満の第二文藝館にかかげられていた時期で、この表にも「天満　文藝館」ばかりか、この頃吉本興行部の手にはいったと思われる「福島　龍寅館」「天神橋五丁目　都座」などの名が見える。ということは、この表にある十二軒の寄席のすべてが反対派の経営になるというわけでなく、「連名」にある四十名の大阪落語家、六名の東京落語家、さらに二十九名と十六組の色物藝人を、この十二軒にまわしていたことをしめしている。第二文藝館を手がけていらい急速に三軒の寄席を手中にした吉本興行部も、まだ独力で番組を編成するまでにはいかず、岡田政太郎の反対派のちからを借りないわけにはいかなかった。

もっとも、『大阪百年史』のいう、

〈こうして反対派の定席の過半数は吉本の掌中に帰したので、太夫元としての権利はなお岡田にあるとはいえ、席亭としての実権はようやく吉本に帰し、そのために番組

編成も有利になってきた〉

といった状態になるまでに、さしたる時間はかからなかった。

要するに吉本興行部のやり方は、勢力をのばしつつあった岡田の反対派にぴったりとくっついて、しかもなお自分の牙城も着々とかためていこうというのである。この点に関しては、第二文藝館をスタートさせるに際して、反対派のほうと手を結んだ選択のよさが好結果を生みだした。あれほどの勢力を誇った桂派も三友派も、順調に発展する反対派の前に、見る影もない衰退ぶりで、いたずらに集合離散をくりかえすばかりだった。

吉本興行部が、最初に反対派と提携したのは、前にも書いたように吉兵衛の顔のつながりがものをいったわけだが、単なる顔のつながりだけではない、玄人としての勘のようなものもはたらいたのだと思われる。身銭を使って、とっぷりとのめりこんだ世界にあって、これからのびていこうとしているところと、栄えてはいても将来性のないところとをかぎわける感性がそなわっていたのである。あがってくる日銭を、特異な金銭感覚でたくみに回転させる一方、それこそ身を粉にして働いたせいだが、この種の勘所に関しては吉兵衛の体験をふまえた判断にまかすしかなかったようだ。

この時分の興行の世界は、当然のように博徒《ばくと》とかかわりを持っていた。第二文藝館のような端席でも、毎日のように土地の者が酒代をせびりにきた。吉本吉兵衛というひとには、不思議な嗅覚がそなわっていたとしか思えないのだが、彼は、この種の応対をすべて妻のせいにまかせたのである。席亭としての顔を、そっちの方面には出さず、妻にまかせるというのは、世間的な常識からいっても、あることではなかった。だいいち、いかに男まさりの気丈さを持ちあわせていたとはいえ、そうした世界とのつきあいは、いわゆるかたぎの世界しか知らないできた女の身にはあまることであった。

しかし吉兵衛は、あえてやらせたのである。この種の人間たちが、かたぎ然とした女や老人に対して、無理難題をふきかけることの絶対にないことを知っていた吉兵衛は、せいに応対させたほうが結果的に安くつくとふんだのである。事実そのとおりになったのだが、せい自身この応対が決していやではなかったように思われるふしもある。適当につきあっておけば、なにかのときに思いもかけないちからを彼らが貸してくれることを、だんだんと知ってきたのである。せいの、この世界との、つかず離れずといったかかわりは、生涯つづくことになる。

夫の吉兵衛が没して、吉本興行部が文字どおりせいの掌中に帰してから、せいは好んで警察の退職者を採用した。「吉本の小屋には、必ず警察あがりがいる」といわれたもので、博徒の世界と、つかず離れずのつきあいをしていく上に、警察と仲良くしておくことも大切な処世の術であることも、仕事を通じてせいの学んだことのひとつであった。

はなしを前にもどしたい。

大正七年（一九一八）のことである。

南地法善寺裏の金沢席が売りに出ているという噂が、関係者のあいだでひろまった。法善寺裏は、戦後織田作之助の小説によって全国にその名を知られるようになり、いまではむしろ法善寺横丁といったほうがとおりがいい、千日前法善寺北側の細い路地である。その時分には、みよとぜんざい、湖月、二鶴、正弁丹吾亭、可祝、いけます、入船、お多福といった小体な小料理屋、甘い物屋が軒をならべていたが、紅梅亭と金沢席の二軒の寄席でも知られていた。万事派手な演出で売った三友派の牙城が紅梅亭、保守的なまでに格調高い正統落語に固執した桂派が金沢席を根城に、小さな道をへだてて並んでいたのである。ひとびとは、紅梅亭を西の席、金沢席を東の席とよんで、ふたつの席がいわば宿敵関係にあることを知っていた。

この金沢席が売りに出たのである。ということは三友派対桂派の争いの結果が、そろそろ見えてきたことでもあった。

桂派没落の原因は、時代の動きを見抜くことのできなかった落語家たちの姿勢にあったといえる。第一次世界大戦の影響もあって、日本の経済は躍進し、近代的な資本主義機構が確立されていた。それまでの手工業生産と問屋制度の機構にかわって、工場制工業が生産手段を支えるようになり、それにたずさわる勤労者階級が激増した。この新しい階層を、桂派はつかみそこねた。

古い浪花っ子気質を背景に、洗練された藝にこだわりすぎた桂派の落語は、通人と称する一部の愛好家の関心はひいても、新しく擡頭してきたより広い階層からそっぽをむかれた。さらに、この桂派にあって主柱ともなっていた三代目桂文三《かつらぶんざ》が大正五年(一九一六)九月、宿敵三友派の軍門に降る事件が、桂派に引導を渡したのも否めなかった。

金沢席の売値は一万五千円だった。落ち目の席にしては、安くない値段である。金沢席の持主は、金沢利助といって法善寺とは目と鼻の坂町に住む高利貸であった。高利貸の余技での寄席経営だったから、足許見られて安い値段で売り逃げる必要もなく強気に出られたわけだが、みな手を出しかねていた。

　その金沢席を、言い値の一万五千円を投じて吉本興行部が手にいれたのである。あらいざらいの金をあつめて、さらに借金までして、この金沢席を手にいれることに執着したのは、やはり吉本吉兵衛のほうであった。

　例によってこのはなしも、吉兵衛ではなくせいの意向でことがはこんだように伝わっている。だが、そう記している資料のすべてが、吉兵衛の没後にせいの語った内容に頼っているものなのだ。吉兵衛なきあと、女手ひとつで二人の実弟をたくみにあやつって、大阪一の興行師になりおおせたせいにとって、亡夫は、ただ自分の仕事の足を引っぱる存在であったとしてくれたほうが、なにかと都合がよかったのである。そのため、吉兵衛の果した功績は、すべてせいの手になるもののようにぬりかえる必要があったのだ。

　それにしても、吉兵衛はなぜ落ち目になって客足の離れた金沢席に執着したのだろう。細い路地をへだてた西の席紅梅亭が、いきおいにのる三友派の藝人を集めて、連日大入りの盛況ぶりを見せているだけに、昔日の面影のない金沢席に、一万五千円もの大金を投じることは、誰の目にも無謀なやり方に見えた。

吉本興行部発祥の地となった、天満天神裏門の第二文藝館が俗にいう端席であったことは、これまでにしばしば書いてきた。天神裏門通りが、いかに当時大阪指折りの繁華街であっても、第二文藝館が端席であることに変りはなかった。のぼり坂のいきおいにあった岡田反対派と提携することで、その後手中におさめた天神橋の都座、福島の龍寅館も端席だった。法善寺裏金沢席買収のはなしのでた時分、すでに傘下《さんか》におさめていた松島の蘆辺館もまた端席であった。つまり吉本興行部と、派手な看板をかかげてみたものの、掌中にしている四軒すべてが端席だったのである。

吉兵衛は、どうしても一流の席を扱いたかった。これまでに、着々と端席に手を出してふやしてきたのも、いつか一流の席を手がけて、一流の藝人をよびたかったからだ。

大正初期の大阪で一流の寄席といったら、まず北の新地の永楽亭、新町の瓢亭、堀江の賑江亭、それに法善寺裏の紅梅亭があげられる。いずれもすぐ近くに花柳街《かりゅうがい》をひかえていた。というより花柳街に近いことが、一流の席としての条件であった。寄席とともに、お茶屋の座敷が当時の藝人にとって大切な仕事場だったのだが、このことが花柳の巷をひかえていることを以《も》って一流席に欠くことのできぬ条件としたのである。なじみの藝者を引き連れた客が寄席の桟敷にあがり、はねると今度は贔屓《ひいき》の藝人を茶屋の座敷によぶのである。吉兵衛にとっては、知りつくした世界であった。

三友派、桂派の対立をむこうにまわし、独自の勢力をきずいていた岡田政太郎の反対派と手を結んだところに、吉本興行部の幸運があった。いきおいのいいところと結託するのは、どんな世界にも通用する戦法である。そのあたりの事情を熟知していた吉本吉兵衛が、いまや崩壊寸前の桂派の根城であった法善寺裏の金沢席を、一万五千円という大金を工面してまで手にいれたのは、ただただ法善寺裏という立地条件のよさに魅かれたからだ。道頓堀を横切って太左衛門橋をわたれば、もうそこは宗右衛門町で、沢山のお茶屋が軒をならべていた。

なんとしても一流の席に進出したいという吉兵衛の夢は、金沢席の買収でかたちだけは果された。せいは、こうした吉兵衛の行動を、不安のこもった目で見ていたが、ただだまっていたわけではない。それでなくてもひと一倍縁起をかつぐ身とあって、買収した金沢席をそのままの名で開くことは、なんとしても避けたかった。その点は夫の吉兵衛にも異存はなく、いわば一度あやのついた金沢という名に固執する気持は

新世界花月（大正十四年八月）

なかった。

その時分、桂太郎《かつらたろう》という明治の宰相と同じ名を名乗るとぼけた落語家がいて、これが易のほうではなかなかのものであった。かつぎ屋のせいは、なにかにつけて相談を持ちかけていた。法善寺裏の金沢席につける新しい名を、この桂太郎に命名してもらうことにしたのである。

桂太郎が熟慮の上つけた名前が、「花月《かげつ》」であった。花柳街をひかえた地の席にふさわしい、はなやかな名前である。

法善寺金沢改め花月、というわけだが、残された印刷物などを見ると、

「南地花月」とあるものが多い。新しい「南地花月」の発足を期に、吉本興行部は第二文藝館を「天満花月」、都座を「天神橋花月」、龍寅館を「福島花月」、蘆辺館は「松島花月」と、手持の端席もすべて「花月」と改名した。『大阪百年史』は、〈花と咲きほこるか、月とかけるか、すべてを賭けて〉

の改称としている。

新発足の南地花月には、桂派から桂小文枝《こぶんし》、三遊亭圓遊《えんゆう》、桂文柳、桂文吾《ぶんご》など、三友派から笑福亭松鶴、笑福亭福松《ふくまつ》、橘《たちばなや》家圓太郎《えんたろう》らが顔をそろえた。岡田反対派の二流藝人にたよっていた端席とは、ひと味もふた味もちがったメンバーである。なんとしても一流の寄席に名を連ねたいという意気ごみがうかがえる番組編成だった。

それでもまだ、桂文團治、桂春團治、林家染丸《はやしやそめまる》、桂枝太郎《えだたろう》といった錚々《そうそう》たる顔ぶれをそろえた、軒をならべる紅梅亭と対抗してのけるまでにはいたらなかった。紅梅亭の木戸銭二十銭、「別に小物料五銭申受候」に対し、南地花月のそれは十銭だった。紅梅亭の半額ではあったが、端席の五銭落語から、一流の席へ大きく一歩近づいていった。

法善寺裏の南地花月をスタートさせた吉本興行部は、翌大正八年（一九一九）には北新地の永楽館を手にいれ、花月倶楽部と改称している。この永楽館は、北の新地のまんなかにある三友派の有力な席であった。南地花月で一流席の基礎をつくった吉兵衛としては、なんとかして北にもそれらしい席をつくりたかったのである。そのため、はじめから永楽館に狙いをつけず、ほど近い老松町長池に花月をつくり、永楽館に挑戦したのだが、意外や永楽館のほうから吉本の軍門に降ってきたのだった。

　三友派と桂派の対立は、桂派が崩壊し、根城としていた法善寺裏の金沢席は吉本の手に、何人かの藝人たちは反対派の手に、自然吸収されていった。そればかりか反対派は、三友派の橘家圓太郎、三升家《みますや》紋右衛門《もんえもん》、桂文枝《ぶんし》、桂家残月《かつらやざんげつ》、桂枝太郎らを引き抜いた。その上、岡田政太郎は京都に進出することをはかり、新京極の一流席富貴、笑福亭、西陣の富貴亭などを手中におさめた。こうなっては、さしもの三友派も、反対派・吉本の連合軍の前に、いささか影が薄くなってくる。

　ところが、大正九年（一九二〇）に岡田政太郎が突然死ぬのである。反対派の活動については、かなり詳細に記している文献のどれもが、岡田を突然襲った死の原因がなんであるのか記していない。花月亭九里丸流にいうなら、「宿望半に達せずして斃れた」ことになる。

岡田政太郎を失った反対派のあとは、次男の政雄が継いだ。『落語系圖』には、この「二代目反對派岡田政雄氏肖像」も載っている。唐桟の羽織に、カンカン帽をかぶり、前に帳簿の如きものを置き腕組みをしているのだが、その右腕に洒落た腕時計をしている。いかにも若旦那然とした姿だ。

この二代目による反対派が、すぐに分裂してしまう。岡田派と吉本派が反目しあったというのだが、盟主を失ってなにかと動揺している藝人たちに対する吉本吉兵衛による策動が、まったくなかったとはいえないだろう。分裂して吉本にかけつけた連中は、吉本花月連と称し、岡田政雄の側に残った連中は、そのまま反対派を名乗ったが、この第二次反対派は、わずか三ヶ月で命脈つき、岡田政雄はすべてを吉本花月連に譲渡してしまった。そればかりではない。いささか影の薄くなった三友派において中心となっていた三代目桂文團治の一門も、そろって吉本花月連に加入してしまう。

この時代の吉本花月連が、いかに躍進をつづけていたかは、第二次反対派を吸収し終えた大正十年（一九二一）九月現在、なんと十六軒の寄席を手中におさめていた事実でよくわかる。さらに東京へ進出することをはかり、神田の川竹亭を買収すると、これも花月と改称している。

そればかりではない。笑福亭松鶴、三遊亭圓馬、桂三木助、林家染丸、橘ノ圓たちが、法善寺裏の紅梅亭、新町の瓢亭、福島の延命館、京町堀のあやめ館、松島の文藝館、堺の寿館、京都の蘆辺館などに拠って細々と生きながらえていた三友派まで吸収してしまったのである。

これで大阪の寄席は、吉本花月連一色にぬりつぶされてしまったわけで、まさにそれは吉本王国であった。ときに、大正十一年(一九二二)八月のことである。

なんとしても一流の寄席をの悲願から、法善寺裏の金沢席を買収、南地花月と改めてから、わずか四年しかたっていなかった。いつの日か、木戸銭二十銭、「別に小物料五銭申受候」という法善寺紅梅亭と肩をならべたいと願った、その紅梅亭までを傘下におさめることができたのだから、吉本吉兵衛得意の胸中がうかがえる。

一方せいは、夫のこうした強引とも思われる戦略が次から次へ的中していくさまを、ただじっとながめているばかりだった。冷し飴を氷の上で回転させながら売ったり、みかんの皮を漢方薬屋にはこんで収入にするようなこざかしい知恵が、もはやなんの役にも立たないところまで組織が成長してしまったことに、漠然とした不安すら感ずるのだった。

出入りする藝人たちが、いつの間にか自分のことを、

「ご寮ンさん」

と、呼んでいることに気がついたのも、この頃のことであった。

二　桂春團治と安来節

桂春團治は、大阪が生んだ不世出の落語家であった。『上方演芸辞典』の編者前田勇など、生前にこの桂春團治がほんとうは二代目であると、口をすっぱくして語っていたものだ。事実そのとおりなのだが、世間はそんなことに耳を貸さず、彼を初代として遇してしまった。あまりに大きな実績が、ほんとうの初代の存在を、消してしまったのである。

春團治くらい、その生涯が沢山の小説や戯曲になって、映画に舞台に、そしてテレビにと紹介された落語家も、そういない。それらのすべてが、大阪の演藝界を奔放にかけ抜けていったさまを面白く伝えてくれている。たとえば、桂春團治の生涯を小説化した代表的なものとされている、花月亭九里丸『すかたん名物男』（杉本書店）や、井上友一郎『あかんたれ一代・春団治無法録』（新国民出版社）など、題名だけ見ても、その生き方が異色であったことがすぐわかる。「すかたん」とか「あかんたれ」という大阪弁の意味するところに、藝道一筋的な求道者の姿勢は微塵《みじん》もない。まさに、「無法録」にふさわしい生涯を送っているのだ。

小説という文学形式が、かならずしも事実を伝えるものでないことは、あらためていうまでもない。狂言綺語《きょうげんきご》の世界の横溢した作品は、しばしば事実を大きくまげて伝達するものだ。桂春團治の生涯を描いた小説や戯曲が、ときとしてことさら春團治の生き方に、面白おかしく粉飾をほどこして、脚色されていることをふまえた上で、なおこれらの作品に現われた春團治という人間は、いかにも落語家的だし、藝人的でもある。小説的な「嘘」を通じて、落語家ならではの、ある事実も見えてくるのだ。

型やぶりな藝人であった春團治の生涯には、一種の伝説がふんだんにつきまとう。伝説というものの多くは、実は作者が介在しているものだが、春團治伝説のばあいもその例にもれないようで、その出所のほとんどは花月亭九里丸であるように思われる。

花月亭九里丸には、『すかたん名物男』や『大阪を土台とした寄席楽屋事典』以外にも、ガリ版刷りの『九里丸置土産・笑根系図』があって、上方演藝史研究の上で得難い資料を残してくれている。ただ、春團治の生涯を描いた『すかたん名物男』は、九里丸の漫談家としてのサービス精神が色濃く投影されていて、奔放につきる春團治の行動にしても、多分に潤色されたものが多い。つまり実際の行動よりも、面白おかしいはなしに九里丸はつくりなおしているのだ。要するに、あることないこと、とりまぜた創作態度を花月亭九里丸はとっている。さらに、長谷川幸延の『小説・桂春団治』(角川書店)にしても、作者自身が花月亭九里丸と親しい仲ということもあって、九里丸から出た事実を多少歪曲した資料が相当に使われているとみていい。

富士正晴が、桑原武夫のすすめで、講談社の『大衆芸術家の肖像』のために「桂春団治」という文章を書いたのは、昭和三十八年のことだが、さらにそれを評伝として加筆、河出書房から昭和四十二年に上梓したときの「あとがき」に、こう記している。〈又、有名芸能人について書かれた伝記にはウソのエピソードが、いくらでも混入されていることも知った。そこで『すかたん名物男』に対してわたしは警戒の念を覚えた〉

つまり、富士正晴『桂春団治』は、評伝として、不正確なエピソードを極力排除する方針で書かれているのだが、それでも春團治という藝人の生き方が、群を抜いて奔放であったことがよくわかるのだ。多分にそれらしく潤色された気味のある花月亭九里丸や長谷川幸延、井上友一郎らの伝える春團治像の、おそらく事実と相違しているエピソードにしても、藝人的なある真実をついていることまでは否定できるものではない。桂春團治は、やはりきわめて特徴的な藝人らしい生き方をしてみせたのである。

桂春團治の出生について、富士正晴による詳細な評伝は、こう記している。

〈皮田藤吉は一八七八年（明治十一・戊寅）に、大阪市南区高津町二番丁二五九番屋敷で生れた。八月四日と戸籍にある〉

染革職の家に生まれた藤吉が、明治二十八年（一八九五）に、浪花三友派の桂文我《ぶんが》に入門して落語家になるまでの十七年間、どんな生活を送ったものかは、あまりよくわからない。どうやら小学校にも満足に通わなかったこと、法善寺にあった花宗という簪屋《かんざしや》に奉公したことなどが伝えられているくらいである。

その生い立ちに、格別の影響を与える者も身内にいなかった春團治は、落語家になるべくしてなったように思われる。わずかに、平仮名をひろい読みする程度で、「ます」を、「〼」と書いたといわれる春團治にとって、落語家は格好な職業であったといえるかもしれない。

前座の時代から、春團治には破天荒な行為が多かったらしい。のちになって、自身語っているところによっても、「坐るのに尻をにじったというてはクビ、前座のくせに生意気に大きな屁をこいたというてはクビ、一番阿呆らしかったのは真打がうどんを食うてるのに、前座の身分で一銭五厘もする狐うどん食うとは末恐ろしい奴やとクビ」といった按配である。手のつけられない前座だったのだろう。

藝の世界の面白いところは、こうした楽屋内でのしつけの面で批判されるような素行の持ち主であっても、それが自分の藝に影響なければ、さしたる問題にならないことである。春團治は、むしろそうした素行の悪さを、自身売物にしてきた気味がある。

そういう春團治であるから、京都で花札ばくちの最中、警官に踏みこまれ、二階から屋根づたいに逃げようとして足首を捻挫《ねんざ》するような事件は、それこそ日常茶飯のことであった。明治の末頃のことと伝えられる京都遁走事件なども、起こるべくして起こったともいえそうである。春團治よりもずっと後輩の落語家が、とんとん拍子の出世をとげるさまが面白くないと、その人力車を襲い、ひきずりおろしてなぐりかかったところ、全然別の、しかも先輩格の落語家だったというのである。このため、春團治は大阪にいられなくなって、京都に身をかくすのだが、この身をかくした先が、高台寺の文の助茶屋だったともいわれている。

看板に出る名前の順位が気にくわないと、なかなか寄席に現われない。客がいらいらして騒ぎになろうという寸前、「へい、春團治でござい、へい春團治でござい」というかけ声とともに、客席のうしろから高座にあがってみせた。こんな、客の意表をつく演出で、個人的な憤懣《ふんまん》を転化させたこともある。

金づかいの荒い生活を送っていたため、かんじんの高座着にこと欠くこともあったらしい。富士正晴『桂春団治』からひいてみる。

〈明治四十五年正月、春団治は紋のところが食いやぶられているその下に、鼠の絵が画かれている羽織を着て、紅梅亭の高座へ上った。上ると咄《はなし》をそっちのけで、その絵の由来を喋りまくった。すなわち、正月用の羽織がないので古着屋で安いのを買って来、紋がちがうので自分の紋（つるぎかたばみ）を紙に画《か》いて切りぬき、糊ではりつけて安心していたら、朝起きると鼠にそこを食い破られていた。それでまあここに鼠の絵をかいたわけで、というようなわけである。この年のエトは鼠で、それに何とはなく引っかけたような形の、八方破れの貧乏話をカラッと愉快な形で枕に振ったわけであったが、金のあるひいき客は「ひとつこいつに、ええ衣裳贈って、びっくりさせたらなあかん」というふうな気分にひきずりこまれ、貧乏な客は「春団治はスカタンな奴や。けど、貧乏しててもケロッとしてて、一丁《いっちょ》もこたえてえへん。ほんまオモロイ奴やで。毎晩でも聞きに来たろかい」というふうに大いに共感をおぼえるというような有様で、一気に人気があがった〉

こんな、桂春團治の、きわめて寄席藝人的な行動のなかでも、いちばん世間的な関心をよんだのは、道修町の医療品問屋、岩井松商店の未亡人岩井志うとの第二の結婚であろう。岩井志うは春團治よりも九歳も年上であったが、春團治が「後家殺し」の異名をとったのは、このためである。ついでに記しておけば、「後家殺し」とは、義太夫語りに客がかけるほめ言葉で、大阪には『後家殺し』という題の落語もある。

この春團治第二の結婚前後のいきさつを、富士正晴『桂春団治』巻末にある「桂春団治年譜」でみると、

〈○大正三年（一九一四）〔37〕春団治、真打となる。京屋の芸妓相香と徳島へ駆落ち、しばらくして帰る。十二月三日、岩井松之助死亡、志う四十六歳で後家となる。

○大正五年（一九一六）〔39〕春団治、岩井志うと親密になり、事実上、トミ・ふみ子の妻子を捨てた形となる。春団治・志うの事件、はなしかが道修町の御寮人サ

ンを射落した、後家殺しと評判になり、人気大いに出る。
○大正六年（一九一七）〔40〕三月十三日、岩井志う東区徳井町一丁目九番地（二代目文団治宅の番地）へ分家。六月十四日、春団治はトミ（28）と協議離婚届出、ふみ子はトミにつく。六月十五日、志う（49）と婚姻届出。高津町一番丁七十二番地にて、春団治は入夫して岩井藤吉となり、且つ戸主となる。
○大正七年（一九一八）〔41〕志うの財産をもとに、浪花派を結成する。しかし三友派の席にも出る。米騒動の年である。
○大正九年（一九二〇）〔43〕正月、浪花派解散、大借金を残し、一座をつれて巡業に出る〉

となっている。

藝人にとって女遊びは、むしろ藝のこやしになるということで黙認されていた時代であるし、たまたま財産のある家庭の婦人が藝人にいれあげたりすることも決して珍しいことではなかった。ふとしたことで結びついた春團治と岩井志うの関係にしても、岩井志うの財産を抜いては考えられないものがある。事実、岩井志うは桂春團治にとって、財政的なよきうしろだてになっていた。

それにしても、四十歳という分別ある年齢に達していた春團治が、妻子をかえりみないだけでは足りず、法的に別離までして九歳年上の未亡人に入籍しなければならない事情があったのだろうか。富士正晴が、岩井志うの側から見て、

〈どこまでも分家で頑張ったのは、志うが岩井の姓を皮田の姓より上のものだとし、皮田藤吉を岩井藤吉に引上げたかったのであろうと考えられる。職人の息子の芸人に、旦那衆の姓を与えるわけである。志うが激しい闘志で事に当ったわけはここにあったのだろう〉

と、記しているのが、そのあたりを示唆しているようでもある。だが、ここでこの問題にあまり深い詮索《せんさく》を加えるのは本意ではない。ただ、桂春團治が藝人らしい奔放な生活を送っている過程のなかで、岩井志うとめぐりあったことを、自分の生涯の一転機に利用しようとした意志のあったことは見てとれる。春團治にとって、志うとの第二の結婚が、それまでの彼が演じてきた数々のスキャンダルと同一の平面に置かれることは、いささか不本意だったにちがいない。

ただ、岩井志うとの第二の結婚も含めて、数々のスキャンダルによって、桂春團治はその時代の大阪を代表する落語家になることができた。無論、爆笑王とよばれた、

その明るく奔放につきる語り口が多くの客の共感をよんだわけだが、なみの落語家にはない、奇行つづきの無頼な生き方に拍手を送る者も、それ以上に多かった。だから、春團治の出演している寄席に集まる客の関心は、春團治の演じてみせる落語もさることながら、桂春團治という人間そのものにあったのだ。

大正七年(一九一八)、法善寺裏の金沢席を吉本興行部が買収、南地花月と名を改めた頃、細い路地一本へだてた一流席の紅梅亭には、桂春團治の看板が大きく出ていた。やっと大阪で一流の寄席をもつ足がかりのできたばかりの吉本吉兵衛、せいの夫婦には、この春團治の看板が、とてつもない大きさで、花月を圧倒しているように見えるのだった。

吉本興行部が何軒もの寄席を買収して、着々と大阪の演藝界にその地位をかためていったのは、吉本夫婦のうちでも、やはり夫吉兵衛のはたらきによるところ大であったようだが、せいの、いわゆる内助の功というのも見逃しには無論できない。

何軒もの寄席を手中にしたことによって、これまでのような家内工業的な規模での経営は、どだい無理になっていた。それなりの従業員を必要としたし、吉兵衛には席亭としての表むきの顔が必要となってきた。せいはせいで、藝人や従業員から、「ご寮ンさん」とよばれながら、点在する寄席からあがってくる日銭の管理に追われるようになっていた。第二文藝館時代の、お茶子や冷し飴売りまでかねた寄席のおばはんでいるわけには、もういかなかった。

吉本吉兵衛が、三十七歳という働きざかりで突然逝ってしまうのは大正十三年（一九二四）のことだが、吉兵衛を失って未亡人となったせいが、明石で奉公していた実弟の正之助を引き寄せて吉本興行部発展の手助けをさせたように伝えるものが多く、例の『落語系圖』なども、「吉本興行部長林正之助氏肖像」の説明文に、

〈花月派吉本興行部未亡人吉本せい氏の實弟なり故吉本恭三《ママ》氏死後營業を引受け尚盛多にて關西寄席興行界の王となる名譽の人なり〉

と記しているのだが、どうやら正確とはいい難い。

天満天神裏の端席第二文藝館にしがみついていた時代には、なんとか人手を減らして、自分たちのちからでまかなおうと考えていたせいだが、一軒ずつ寄席がふえて、どうしても他人のちからを借りなければならなくなったとき、いちばん先に声をかけたのが実弟の正之助だったにちがいない。

それでなくとも、家庭的には恵まれたところが少なく、幼い頃から親兄弟ばらばら

の暮しにならされて、結婚すれば結婚したで夫の不行跡に悩まされつづけたせいが、やっと仕事に生甲斐を見出しかけたとき、その仕事の面でちからを借りるのに、他人よりもまず身内と考えたのは当然すぎるほど当然のことであった。それに、いきおいにまかせて何軒もの寄席を買収し、拡張につぐ拡張を企てている夫吉兵衛を、このまま野ばなしにしておくことに不安もあった。自分の肉親を、身近においておくことで、ややもすればつっぱしりがちになる吉兵衛の行動に、多少のブレーキをかける役割を期待したかもしれない。せいには、「吉本興行部」という組織が、女の身の自分にも把握できる程度の実体であることが望ましかったので、それ以上にふくらんでひとり歩きし始めることに、漠然とした不安もあった。そんなことからも、せいが正之助を明石から引き寄せたのは意外に早い時期であったらしく、大正七年（一九一八）法善寺金沢席を買収、南地花月と名を改めた頃、正之助はすでにせいの片腕として働いていたようだ。

ついでに記すなら、『落語系圖』は、「吉本興行部支配人瀧野壽吉氏肖像」と、「反對派支配人青山督氏肖像」も載せており、青山督の説明文は、

〈元何々新聞記者後に反對派支配人となり又花月派吉本興行部支配人となり其後故有

りて東京浅草公園大盛館にて諸藝の太夫元となる〉と記されている。

第二次の岡田反対派が崩壊して、吉本花月連に吸収されたのが大正十年（一九二一）のことだから、この青山督が吉本興行部の支配人になったのはそれ以後で、そのときすでにせいの実弟林正之助は、吉兵衛、せいの夫婦を助けて、こまめに働いていたわけだ。おそらく、青山督と、滝野寿吉のふたりは、吉本吉兵衛、せい、それに林正之助の一族にとって軍師の役割を果していたものと思われる。『落語系圖』の伝える、その時分の吉本興行部の役割として、林正之助の「部長」という肩書と、滝野寿吉と青山督の「支配人」というそれに、どんなちがいがあるものか定かではないが、いわゆる係累《けいるい》によって固められた組織に、他人が参画したばあいの立場というものが、それとなく暗示されているようでもある。

林正之助は、いまなお吉本興業株式会社の社長職にあり、その矍鑠《かくしゃく》たる活動ぶりが写真雑誌で紹介されたりしている（一九九一年没）。正之助自身の語るところによれば、明石の呉服屋に奉公していたのを、姉のせいによって呼び戻されたのは十九歳のときで、はじめの仕事は各地の寄席を自転車でまわって、客の入りを調べることであったという。無論、木戸銭や売店のあがりは、それぞれの主任がその日その日の分を事務所まで届けにくるのだが、こんにちのような印刷された入場券のあるわけもなく、中告された入場者数をうのみにする以外なかった。その数字が正確かどうか、腹掛に股《もも》引《ひき》の法被《はっぴ》姿で事前に客席をのぞいて、それとなくチェックして歩くのである。こうした仕事を身内の人間にさせ、従業員に対しては、絶えず経営者の目が光っていることを知らせておこうというのは、無論、吉本せいの意志であった。

手中にした寄席の数がふえると、それにしたがってそこに出演する藝人の数もふやさなければならない。吉本興行部にとってさいわいだったのは、提携していた反対派が、吉本同様にその勢力をのばしていたことだった。反対派傘下の名の売れた藝人をとっかえひっかえ使うことができたからである。

ただ、こうして出演者に関して、まったく反対派に寄りかかっている状態が、せいにはなんとなくもの足りない思いがした。夫の吉兵衛は、寄席というものを増やすことには熱心だが、そのいれものにいれるべき藝人のこととなると、それほどに意を使わないのである。いつの間にかそれが習慣になってしまった黒の羽織を身につけて、あふれんばかりの笑顔で楽屋に出かけては、なにかと藝人の世話をやきながら、

お世辞まじりに藝人が口にする、

「ご寮ンさん……」

という呼びかけの底にある真意に、せいは必要以上に気をまわすのであった。

寄席がいくつ手にはいっても、そこに出て客を集めてくれるすぐれた藝人がいないことには、この商売は立ちゆかない。その藝人に対して、席亭は絶大なるちからを持っているように見える。たしかに席亭がひとこと、

「おまえは、いらない」

と口にしたら、その藝人は干あがってしまう。だが、ほんとうにそうだろうか。たしかに、ちからのない、客をよぶことのできない藝人に対したとき、席亭の権力というのは捨てたものではない。だが、藝も人気もある藝人に、ひょいとそっぽをむかれたとき、いちばんあわてふためくのは、じつは席亭のほうなのだ。そのあたりになると、夫の吉兵衛は、しがない藝人にさんざんいれあげた昔の日を忘れてしまったかのように、きびしい席亭の顔になってしまうのだ。

このままでいいのだろうか、とせいは考える。汗にぬれた藝人の背中を冷たい手ぬぐいでふいてやったり、団扇の風を送りこんでやるせいの誠意に対して、

「ご寮ンさん、おおきに」

と、しきりに恐縮してみせる。だが、その恐縮ぶりや、愛想のよさは、せいのつくす誠意に対してというよりも、やはり席亭から出る金に対してのものなのだ。席亭の夫人であるせいが、そうしたこころづかいをするから恐縮するのであって、これがふつうのお茶子だったら、藝人もこんな愛想よい態度はとるまい。藝人と席亭を結びつけているのは、ただただ金であることに、せいは気づいていた。

藝人と席を結びつけるものが金しかないと気がついたせいの打った手は、藝人を月給でしばることであった。一種の専属契約である。それも出演者全員を月給でしばるわけではない。人気のある、客のよべる藝人にだけ、思いきり出すのである。

たとえば、花月の一枚看板になった三升家紋右衛門。落語家としての藝は、それほどではなかったが、一席終えてから立ちあがっての踊りがよかった。おまけに落語家らしからぬ色男ときてるから、藝妓たちに人気のわかないはずがない。宗右衛門町をひかえた南地花月としては、なくてはならぬ看板であった。

この三升家紋右衛門を引き抜くのに、せいは月給五百円を提示している。南地花月を発足させた大正七年（一九一八）は、米騒動の起こった年で、中堅サラリーマンの月給が四十円、学生の下宿が三食ついて十円前後というのだから、五百円という月給がいかに破格なものであるかがわかる。

花月が、紋右衛門を五百円という高給でかかえたはなしは、たちまちにしてこの世界に広まった。なかには、自ら月給でかかえてくれと売りこんでくる落語家もいた。せいにとって、これは思う壺であった。こうした噂が広まってくれるだけで、紋右衛門に支払う高給に充分見あうと、せいは考えたのである。

藝人は、自分の価値がどこまで認めてもらえているのか、不安なものである。それを、いちばん端的に金の額で評価してくれるのである。自分も紋右衛門にあやかりたいと、身の程も知らずに思いこむのも無理なはなしではない。必然的に吉本花月連の寄席に出る藝人たちは、熱心に高座をつとめ、ひとりでも多く自分の客を呼ぶようにこころがけるのだ。こうした傾向が席亭にとって有難くないわけがない。

それでいて、せいの藝人たちを見る目はきびしかった。表面は笑顔を絶やすことなく、藝人たちの愛想に報いていたが、お愛想だけの、実力のない藝人は容赦なく、扱いを悪くしたり、端席にまわした。

三升家紋右衛門を手にいれて、南地花月の売りものができたが、せいは満足していたわけではない。もっと大きな獲物を、ひそかにねらっていたのである。

そう、桂春團治。この男を獲得することは、大阪の落語を制することでもあった。

ふたたび富士正晴『桂春団治』巻末の年譜を見ると、吉本興行部が法善寺裏に待望の南地花月を開場させた大正七年（一九一八）、桂春團治は、「志うの財産をもとに、浪花派を結成する。しかし三友派の席にも出る」とある。

「志うの財産」というのは、岩井家から出た手切金だといわれている。道修町の薬問屋の岩井家では、当主の未亡人と九歳下の人気落語家の恋愛事件を不名誉とする親族が、志う放出の民事訴訟を起こすが、結果は志うが勝ち、春團治は岩井家に養子縁組することになる。富士正晴は、このいきさつを、

〈岩井家から未亡人志うを出させようとする企ては物理的には成功し、法律的（戸籍から除外すること）には成功しなかったように思える〉

としながら、

〈岩井志うが分家する時、貰った金は六万円説、七万円説、三十五万円説があるが、どれが正しいのか調べようもない。しかし大へん大きな金であったのは事実だろう〉

と、書いている。

いずれにせよ、春團治はこの金で、元第一文藝館であった内本町演藝場を借り浪花亭と名づけると、ここを本拠に浪花派なる自分の一派を結成したのである。ほかに、京町堀京三倶楽部、南地三友クラブなどという端席もあった。年譜に、「しかし三友派の席にも出る」とあるのは、それが条件の自派結成だったのであろう。それでなくとも、反対派の勢力に押されがちになっていた三友派にとって、桂春團治という話題の落語家は、欠くことのできぬ看板だった。

その浪花派が一年もたなかった理由は、やはり春團治以外に客のよべる藝人がいなかったことだろう。春團治自身も、あまり浪花亭には熱心でなかったようだ。下足番の格好をして木戸口に坐っていると、客がほんとの下足番と間違えるのが面白いと、自分の出番の時間まで下足番をつとめたりしたが、気がむかないと席を休んでしまうなんてこともしばしばだったらしい。お目当ての春團治が出ていなければ、客はこない。浪花亭の家賃もとどこおり、執達吏が来て差し押えをくうなんてことになる。

浪花亭の差し押えは、結局、裁判沙汰になるのだが、この裁判が春團治には面白くてたまらなかったらしく、多分に楽しんでいたふしがある。中之島の裁判所であまり待たされるので、ついてきたお茶子に、食堂へ酒を買いに行かせて叱られたり、裁判

長の訊問に、いちいち、

「へい」

と答えながら、顔の前でぽんと手をたたくのを、裁判長にたしなめられると、

「さあサ、(ポン)、それが、なんでこないになるのか、(ポン)、わしにもそれが、(ポン)、じつのところ、あまりようわかりませんのや、(ポン)……」

と、やってのけたという。こうなると、いやがらせである。

六万円とも、七万円とも、はては三十五万円とも伝えられる岩井志うの手切金だが、春團治が浪花派を結成する時分、すでに底をついていたようだ。なにしろ、志うと新所帯をもった頃、春團治は一族郎党引きつれての馬鹿騒ぎに連日興じていたし、志うがまた、派手な出銭以外したことがないといった暮しぶりで、さしもの大金も、ざるの目からこぼれるように出ていった。また、そうした金を目当てに、得体の知れぬ人物の出入りも激しく、浪花派の崩壊は時間の問題と思われていたのである。

本拠地を失った春團治の一行は旅に出た。二十数人の一座で、中国筋から九州にかけて約一年の巡業である。春團治の名前で、充分商売になったはずだが、なにせ湯水の如くに金を使うことを覚えた座長の一行である。行く先々で派手な遊びをくりかえ

し、結局莫大な借金だけが残った。

こうして桂春團治が無一文になるのを、吉本せいはじっと待っていた。金のあるうちは、どんな大金をつんでみたところで、天下の春團治、それほど有難がるわけじゃない。春團治という大きな看板だけが残って、しかも無一文、のどから手が出るほど金がほしい……そういう状態になる日がいずれきっと来る、とふんだせいは、いささか無分別にすぎた春團治の浪花派の旗あげを、醒めた目で見つめていたのである。

大正十年（一九二一）初席。桂春團治の看板が、南地花月の木戸口の上にかかげられた。木戸銭は、なんと一円である。十銭の木戸銭で出発したのがわずか三年前であったことが、せいには信じられないような気分であった。それよりなにより、「花月派　桂春團治」と、大阪を代表する落語家を自分の傘下におさめた事実が、大阪の落語そのものを手にいれたような気がして、満足であった。それは、何軒もの寄席を手にいれたことより、もっともっと大きな意味があるように思われた。

前貸金二万円。それに月給七百円。これが桂春團治が吉本興行部に身を投ずるにあたっての条件であった。三升家紋右衛門を二百円上まわる七百円という月給もさることながら、二万円の前貸金というのは破天荒な金額であった。春團治が、浪花派でこしらえた借金の肩がわりだが、これだけの大金をいかに春團治といえどもおいそれと返金できるはずもなく、いわばこの二万円は春團治をしばりつけておくための身代金であった。

桂春團治と、吉本せいのあいだをとりもった人物がいたとして、その人物が、

〈栗岡百貫ではあるまいかという感じをわたしは持っている〉

と、富士正晴は『桂春団治』に書いている。「並々ならぬ業師」だといわれる栗岡百貫なる人物は、

〈南に事務所兼住所をもち、若い者を数人ごろごろさせ、三百代言のようなことや、金融の世話のようなことに関係していて、後に出て来る吉本興業《ママ》部の紅梅亭乗っ取りにも、裏でゆっくり工作したようにも見える一種の怪物〉

で、春團治の、

〈大口の借金が栗岡百貫の手を通じてなされており、それがかねがね、吉本に線が通じていたのではないかというふうに、これは空想だが、思われてならない〉

と、いうのである。

富士正晴の「空想」は、空想として、かなりいい線をついているように思われる。

びっくりするくらい短い期間に、吉本吉兵衛が沢山の寄席を手中にしていくには、かなり危い橋も渡ったものに相違なく、その過程でうさんくさい人物や、いうところの怪物が介在してきたのは充分考えられることである。そうした人物との交際が、決してきらいではなかったように思われる吉本せいが、なんとしても手に入れたい桂春團治を引き抜くために、それを利用しなかったわけがない。だいいち、大阪の演藝界を席巻していた桂春團治という超大物が、いかに急激に勢力をのばしつつあったとはいえ、この世界ではまだまだかけ出しの吉本せい個人のちからで、どうにかなるというものではあるまい。まして春團治の目から見たら、そこらの小僧っ子にすぎなかった林正之助のはたらきなど、取るに足りないものであったと考えるほうが自然だろう。「藝人は法律にふれることでなかったら、名を売るために何でもせなあかん」と、くりかえし自分の弟子に語っていたという春團治の生き方は、ときに法律にふれることまでやってのけたことをふくめて、当時の藝人に、社会のなかである位置を占めさせようとする努力でもあった。

桂春團治の残した「はなしか論語」なるものを富士正晴が紹介している。

〈一　名をあげるためには、法律にふれないかぎり、何でもやれ。芸者と駆落ちなど、

名をうるためには何べんやってもいい
一　借金はせなあかん
一　芸人は衣装を大切にせよ
一　自分の金で酒のむようでは芸人の恥
一　師匠と弟子は親子の仲。女中や車夫は使用人。使用人は時間に寝ささねばならない。弟子に時間はなし
一　女は泣かしなや〉

一見してすこぶる反道徳的であり、反社会的な意図を持ったものにうつる「はなしか論語」である。だが、こうした反道徳的、反社会的な生き方をつらぬくことによって、桂春團治は、自分の存在を社会に認めさせてきたのである。大阪演藝界の象徴的存在の春團治を傘下におさめた吉本も、その無手勝流の彼の生き方には、その後再三にわたって悩まされることになる。

春團治を得てからの吉本花月連の勢いは、まさに一気呵成であった。大正十一年（一九二二）八月には、ついに三友派の牙城法善寺裏の紅梅亭が傘下に身を投じ、大阪の寄席はほとんど花月一色にぬりつぶされたことは前章で記した。この年九月一日

からの「花月連・三友連合同連名」というのが『大阪百年史』に載っていて、得意の演目なども記されているのだが、まさに壮観というほかにない。

直営席亭、提携演藝場が、大阪十八、堺一、京都五、神戸一、三宮一、名古屋一、東京一の計二十八軒。連名にある落語家七十三名、色物十四名と二十組、ほかに東京交代連として八人の名があがっている。まさに吉本は大阪の演藝を支配したといっていい。この連名で見ると桂春團治は正式に「2代」と記してあり、得意の演目として『いらち車』と『金の大黒』が載っている。

こうした一覧表を見てすぐに気がつくことだが、この時代の大阪の寄席演藝はまだまだ落語が主体であった。藝人の数からいっても圧倒的な数をしめていて、色物と称する落語以外の演藝は、きわめてかげが薄かったようである。無論、尺八の立花家《たちばなや》扇《せん》遊《ゆう》、剣舞の阪本一声《さかもといっせい》・源一馬《みなもとのかずま》のように、かなりその名を売った藝人を見出さないではないが、曲藝、琵琶、軽口、新内、女道楽など、まさに「諸藝」にたずさわる藝人たちが、刺身のつまよろしく落語にあわい色どりをそえていた。

数軒の端席に固執して、わずかな上りを回転させていた時代ならいざ知らず、大阪市内だけで十八軒もの寄席を有する大きな組織に成長すると、機械的に傘下の落語家だけをならべてプログラムを組んでいくことに漠然たる不安を覚えていた吉本せいが、新しく目をつけた演藝に安来節《やすぎぶし》がある。

安来節は、島根県中ノ海に面した港町安来地方に発達した民謡である。町田嘉章・浅野建二編による『日本民謡集』（岩波文庫）によると、

〈維新以後、伯耆の境港にさん子という歌妓が出て一時「さんこ節」として大いに世に行われたが、それを更に改調して松江を中心に「なぜまま節」「和田見節」「浜佐陀（はまさだ）節」などの名で行われている中に、能義郡の安来町に渡辺佐兵衛という名手が現われ、その娘のお糸が美音で、大正の初年、東京（浅草）に進出するに及んで、安来節の名は天下を風靡《ふうび》するに至った〉

という。

一地方の素朴きわまりない民謡が、一世を風靡するにまで至ったのは、名手や美声の持主が出現したのもさることながら、この節に「あらえっさっさ」でおなじみの「泥鰌《どじよう》すくい」なるコミカルな踊りがつくのが人気を集めたからである。『日本民謡集』では、この「泥鰌すくい」は、元来が「土壌すくい」で、

〈砂鉄精選の作業に擬したものという〉

としているが、前田勇などは、

〈いささか合理的付会の感あり、明治の中葉安来町の夏祭り（月の輪神事）のニワカに徹宵、歌い踊り疲れた若者達が、払暁に和田川で汗を洗い化粧を落す時の滑稽な姿にヒントを得て、後に安来節に振り付けた〉

という地元にある説を『上方演芸辞典』で紹介している。いずれにせよ、女の踊り子にまじり、笊《ざる》を持って踊る「よごれ」と称する男藝人の、この藝で果す役割は小さくない。

安来節の一座を寄席の高座に紹介したのは、東京の浅草がさきがけだったらしい。関西では神戸あたりで一足早く紹介されたものが、大阪の端席に流れてきた。もとより単純な民謡の一座で、落語のあい間にはさまった色どりにすぎなかったが、玄人の藝人とちがって出演料にそれほどの金がかからないのが、なによりの魅力だった。安来節の人気に根強いものがあると見た吉本せいは、しばしば出雲《いずも》まで出かけて、自分の耳と目でたしかめた上で、現地の藝人を大阪へ招いた。

出雲へ安来節の藝人を調達に出かけたのは、もっぱら林正之助の仕事だったと伝えるむきもあり、それはそれで正しいだろうが、せい自身も何度か足をはこんでいることはたしかだし、招んできた藝人の評価に関しては、正之助としても姉せいの意見に従わざるを得なかった。

昭和五十九年十一月に八十五歳で逝った四代目の三遊亭圓馬は、昭和十八年まで大阪にあって、吉本の禄をはんでいたのだが、じつにしばしば、

「吉本は、死んだご亭主（吉兵衛）も、ご寮ンさん（せい）も、じつによく藝のわかったひとだった。けれども、正之助というのは、金勘定だけのひとで、藝はまるでわからない。義太夫と長唄のちがいぐらいはわかるけど、長唄と清元《きよもと》の区別がつかない。ところが、こういう藝のわからないひとが、いいといったものが当っちゃうから、おかしなことになる……」

と、口にしていたものだ。

安来節は、そんな林正之助が興味をしめす程度の藝にすぎないことを、せいは先刻知っていた。そして、その程度の藝こそが、一般の客の好みにはマッチして、商売としてのうま味があることも知っていた。

大正十二年（一九二三）九月一日。関東全域、静岡、山梨を襲った地震と直後の火災による大災害、世にいう関東大震災の被害は、全焼四十五万戸、死者・行方不明十

四万人に及んだが、無論、東京市内の寄席は全滅状態で、多くの寄席藝人が住むところを失った。

数日たって、大阪にも東京の惨状が伝わると、せいはすばやく手をまわして救援物資を東京の藝人に送った。新聞社などを通じて義捐金を送るくらいのことなら誰もがする。せいの神経のなみでないところは、毛布、米といった、すぐにもほしい品物を林正之助、青山督、滝野寿吉らに運ばせて、気落ちしている藝人のところまで顔を出させている点である。

見返りは早速にあった。十月にはいると、東京の寄席の復興を待てない、神田伯山、三代目柳家小《やなぎやこ》さん、柳亭左楽《りゆうていさらく》、桂小文治《こぶんじ》、三遊亭圓歌《えんか》などが続々と来阪し、吉本花月連の寄席に出演した。東京の落語は、なにかと饒舌《じようぜつ》な面の多い大阪落語とちがって、地味にじっくりと語りこんでいく要素が強いので、派手な演出を好む大阪の客にはあまりうけないのだが、震災の被害に対する同情もあってか、連日大入りがつづいた。

それよりなにより、大阪という都市だけでの評価だった吉本花月連という組織が、東京のこの世界にもすっかり浸透し、「ご寮ンさん・吉本せい」の名が、東京の寄席藝人のあいだで、恩人として語り伝えられた効果は、大入りであがってくる金額などに換算できぬものがあった。

吉本吉兵衛が、その生涯を終えたのは、いま流に数えると三十七歳で、戸籍には、

〈大正拾參年貳月拾參日午前拾壹時參拾分本籍ニ於テ死亡同居者吉本せい届出同月拾四日受附〉

とある。すでに、吉本興行部は大阪の演藝を支配していた。吉兵衛としては、思い残すところがないはずであった。

ところが、この吉兵衛の死んだ時期については、いささか気になることがある。前田勇の『上方演芸辞典』の吉本せいの項には、

〈大正九年（一説十一年、また十三年とも）、夫泰三没〉

とあるし、『落語系圖』の「吉本興行部女王吉本せい氏肖像」について説明文には、

〈吉本興行部主人吉本泰三氏大正十一年二月十一日逝去被致候に付其後引續き未亡人吉本せい氏寄席界尚盛多にして……〉

と書いてある。富士正晴『桂春団治』の巻末にある「桂春団治を書くために出来上った上方落語年表」では、大正十三年（一九二四）の項、

〈○2・13、吉本泰三（吉兵衛）死（39歳）〉

と、戸籍にある月日を記す一方で、大正九年(一九二〇)の項にも、

〈○反対派岡田政太郎死○一説ニ吉本泰三死、アヤマリラシイ〉

と、ふれている。

これが何百年もむかしのはなしならいざ知らず、たかだか六十年前の大正時代に死去したひとの忌日《きにち》について、いろいろの説が出るというのは、どう考えても自然ではない。しかも正確な忌日よりも、四年とか二年とか、さかのぼって伝えられているあたりに、こうした間違った説があえて流布された意図がひそんでいはしないだろうか。

吉兵衛が死んだ大正十三年(一九二四)には、何度も記すように、すでに大阪の寄席はほとんど花月一色にぬりつぶされていた。ところが、これがもし誤り伝えられるように大正九年(一九二〇)だとすると、まだ南地花月ほか数軒の席があるにすぎず、岡田反対派と提携しながらその勢力をのばそうとしている時期である。その反対派を併合し、大立者桂春團治を引き抜き、更には三友派まで傘下にいれて、文字通り寄席王国吉本の基礎をつくった四年間に、吉兵衛はもういなかったことになってしまう。

だから、大正九年(一九二〇)に、吉本吉兵衛が死去したとしている前田勇の『上方演芸辞典』の「吉本せい」の項は、

〈実弟林正之助を迎えて吉本興業《ママ》部の強化策をたて、反対派・三友派を併合して花月派（花月連とも）を増強し、大正年間に大阪・京都・東京・横浜に跨って直営・特約の寄席計廿七軒を掌中に収め、昭和七年三月吉本興業合名会社を創立して社長となる〉

とつづき、吉本の勢力増強のほとんどが夫の死後に、せいと林正之助の努力でなされたように書かれているのだ。こう書かなければつじつまがあわないからだが、夫吉兵衛の功績は、ものの見事に無視されている。

たしかに吉兵衛は、手持ちの寄席の軒数をふやすことに急で、そこに出演させる藝人や、その高座で展開される藝についての配慮となると、吉本せいの努力を高く評価しなければならないところがある。おそらく、吉本せいにしても、夫吉兵衛の死の直後は、そうした吉兵衛の手柄を認めるのにやぶさかではなかったろう。そればかりか、こうして沢山の寄席を残して、あっさりと先立たれてしまったことに、かなりの緊張感をいだいたものと思われる。夫の残してくれたこれだけの寄席を、自分のちからでなんとか維持していかなければという、素朴な使命感にあふれていたにちがいない。女だてらに、獅子奮迅のはたらきによって、夫の遺産を大きく育てあげたとき、その夫がとかく家庭をかえりみないで道楽にあけくれていた若きつらい日々のことを思い出すことも想像に難くない。こんなとき、これまでの功績が、すべて自分の手でなされたといった錯覚に襲われたとしても、一概にこれを責めるわけにはいくまい。吉兵衛の功績を、まったく消し去ってしまうというのではなく、それまでも自分のものにしてしまう女ごころが、とりつくろいを重ねていくあまり、夫の忌日を早めて流布させた結果をうんでしまったかもしれない。それに、功なり名とげてからの吉本せいは、どうしても自分の経歴をかざる必要にせまられるのだが、それについては後でふれる。

吉本吉兵衛が、突然の脳溢血で逝ってしまった頃、ふたたび遊びぐせが頭をもたげ、しばしば家をあけていたのは事実だったらしい。大阪の寄席のほとんどを掌中にして、せいと正之助の仕事ぶりによって、経済面での破綻はなかったし、安心して羽根をのばしていたのだろう。

そんなことから、吉兵衛の死は新町の妾宅《しょうたく》で、それも同衾《どうきん》中の発作からだというひともいる。前出した四代目の三遊亭圓馬も、しばしばそう口にしていたところを見ると、当時の藝人のあいだでは、かなり信憑性を持った噂として伝わっていたらしい。

だが、一方でこの噂をかたくなに否定するひともいて、それこそいまとなってはどうであったのか調べる手だてもない。

ただ、吉本せいをよく知るひとは、口をそろえて彼女が無類のやきもち焼きであったことを指摘する。「未亡人生活が長かったから」と、その理由を説明するひともいるのだが、自分の夫の、決して名誉とはいえないこの種の噂を、やきもち焼きだったせいが、あえて否定しなかったというのが、ひっかかるといえばひっかかる。

いずれにせよ、せいが性格的に嫉妬ぶかかったというのは、とてもよくわかる気がする。たとえそれが自分の夫であっても、実弟であっても、たてた手柄は全部自分のものにしなければおさまらないのである。この強気な性格が、吉兵衛死後の吉本興行部を発展させていく原動力になったのだから、ひとの運命なんてわからない。

もっとも、三十四歳で未亡人になったばかりのせいにあったのは、先行きの不安ばかりであったはずである。ただ、そうした不安を、一切表面に出さず、毅然《きぜん》としていられるだけのものは身につけていた。

吉兵衛との、十七年の結婚生活で得た、女としての知恵であった。

三　万歳と小市民

夫の吉兵衛を失って、吉本せいは途方にくれたにちがいない。せいの十七年間の結婚生活は、決してしあわせなものとはいえなかった。思うがまにふるまい、不行跡を重ね、好き勝手なことをしつくした吉兵衛のために、泣かされてきたのは、いつもせいであり、子供たちであった。大正という時代の男の生き方は、おおむねそんなものであったように思われるのだが、せいにはやはり、つらくて苦しい夫婦生活で、ときには耐えられぬ思いもしたはずである。

そんな夫ではあったが、いともあっさりと先立たれてみると、やはり虚脱感に襲われるのであった。

「死なれてみて、初めてそのひとの偉さがわかる」と、ひとはしばしば口にする。吉本せいにとって、夫吉兵衛の死は、まさにそれであった。

ただ、ひとに「死なれてみると、あんなに惜しいひとはいない」と口にさせるには、そのひとがそう思わせるような生き方を、自ら選択してしまったケースもなくはない。吉本吉兵衛の、四十年に足りない生涯にも、多分にそんなところが見受けられるのだ。せいとの十七年間の結婚生活で、不行跡の限りをつくしたかに見えながらも、大阪中を支配できるだけの寄席はちゃんと残していった。

天満天神裏の端席第二文藝館を、やっとの思いで手にいれていらい、わずか十二年のあいだに、京阪神、名古屋、東京に計二十八軒もの寄席を傘下に置いていたのである。せいが出入する藝人や、その筋の者たちから、

「ご寮ンさん」

とよばれながら、持ちまえの愛想のよさで笑顔を絶やすことなく接しているあいだ、遊びほうけていたかにうつった吉兵衛だが、着実に寄席の数だけはふやしていった。そして、別れも告げずに去っていってしまったとき、残された寄席は、すべて吉本せいの財産になっていたのである。

まさに、「死なれてみると……」といったところだし、三十四歳で未亡人となった

せいは、そうした思いにかられもしたのだが、こればかりは口がくさってもいいたくない言葉であったろう。それが家庭の不幸に馴らされたせいという女の意地であり、その気の強さが、夫を失ってからのせいの行動のエネルギーとなったし、身の支えでもあった。

そうしたせいであっただけに、夫を失って、いったんは途方にくれてみたものの立ち直るのもはやかった。立ち直ったせいの頭にまずうかんだことというのが、夫が残していった二十八軒の寄席を、なんとしても持ちこたえていかなくてはという決意であった。それは、夫の恩にむくいるといった明治の女ならではの古風な心情ではなくて、夫に対する意地といったかたちの、家庭的な不幸に見舞われつづけた女のいだいた、強烈なる自我であった。

夫吉兵衛の死後、吉本せいが獅子奮迅のはたらきを見せたのは事実伝えられるとおりである。林正之助、林弘高というふたりの実弟の協力はあったが、吉本興業の女社長として、事業を大きく発展させてみせた功績の、ほとんどすべてがせいに与えられているのは、決して間違った評価ではない。

だが、事業を大きく発展させたことは、必ずしも、せいの積極果敢な経営姿勢が成功をおさめたことを意味しなかった。つまり、吉本せいは、女の細腕一本で、大阪の演藝界を攻めて攻めて攻めまくって、吉本王国と呼ばれるまでの演藝地図を作成してみせたというのとは、ちょっとちがうのだ。

夫の吉兵衛に急死された吉本せいの頭にあったのは、なんとしても夫の残した寄席を失うことがあってはならないということだけであった。一軒よりも二軒、二軒よりも三軒と、寄席というい れものをふやしていくことによって、一度に大勢の客を集めることができる、いわゆる多角経営の方法を寄席の世界にもちこんだのは、一に吉本吉兵衛の度量と才覚であった。つまり寄席の数をふやすことにより、客の動員数を増加させることができ、その客に藝を提供する藝人のほうには、何軒かの寄席をかけもたせることによって、より多くの仕事を与えることができたのだ。

一軒か二軒の寄席に固執して、そこのあがりだけを頼りに維持していくこれまでの家内工業的な寄席興行システムを、近代的なものにぬりかえてみせたのである。買収に買収を重ねて寄席をふやしていったことは、吉本吉兵衛にとって、ひとつの資本投下であったのだ。もちろん、そんな経営学的な知識が吉兵衛にあったとは思えないのだが、この世界にどっぷりとつかりこんだ男ならではの、ひとつの「勘」のようなものが、大きな成果をもたらしたのである。

こうして吉兵衛が残していった寄席を、せいの代になってから、たとえ一軒たりとも失うようなことがあっては恥辱以外のなにものでもなかった。吉本興行部という看板かかげて、大阪全域に寄席を拡張していったについて、夫人としての吉本せいの内助の功というものを、世間はそれなりに評価していた。そうして得た寄席のなかには、思うほど成績があがらずに持てあましていた端席もあった。そんな端席一軒でも、もし手放すようなことになったら、かりにそれがどんなに合理的な経営政策であったとしても、「所詮、女には女の才覚しかない。吉本は、吉兵衛あっての吉本」という世間の評価となって、すぐにもはねかえってくることが目に見えていた。せいにはそれが、なによりも恐ろしかった。

吉兵衛が死んで八年たった昭和七年、吉本興行部は吉本興業合名会社と改組されて、せいは正式に社長に就任したのだが、このとき新会社が京阪神、名古屋、東京に有していた寄席、劇場はじつに四十七軒を数えたといわれる。二十八軒の寄席を残して、夫に去られてからの八年間、一軒たりとも失うことがあってはならぬとする女の意地が、逆に十九軒もの新しい寄席を手にいれてみせたことになる。

吉本せいの、演藝プロデューサーとしてのすぐれた資質については、これからもしばしばふれることになりそうだが、藝人を金でしばるという前近代的な方法に加えて、時代の流れ、社会の動きにマッチした新しい演藝を創り出すことで、大阪演藝界を席巻したのだから、女らしからぬ積極果敢な経営姿勢が功をおさめたいちばんの理由にも見える。たしかにそうした一面をうかがうことができるのだが、それは結果がそううつっただけのことで、せいの意図には、攻撃的な積極姿勢はまったくといっていいくらいなかった。

何度も書いているように、せいは夫の残していった寄席を失うことがこわかったのである。せいにとって、夫の吉兵衛は、無能で、なにもしない遊び人といった評価が望ましいので、そんな夫の残してくれた寄席を手放して、吉兵衛以上に無能であるというレッテルをはられることにはたえられなかったのである。吉本吉兵衛は、世を去ることによって、妻のせいに、大きく重たい枷《かせ》をはめていったのである。だから、夫の死後八年間に見せた吉本せいのはたらきは、積極的なものではなく、むしろ残された寄席をなんとか維持していかなくてはといった、守りの姿勢に終始したものであった。そうした、消極的な安全策にもとづいてせいの打った手のことごとくが成功して、逆に事業を発展させていったのだから、吉本せいには、まれに見る強い運がついていたのかもしれない。

たとえそれが、「夫の残していった寄席を一軒でも失いたくない」という、守りの姿勢から発したものであるにせよ、吉兵衛の死後八年間に、逆に十九軒の寄席をふやしてみせたせいのはたらきは、たしかに高く評価されていい。まだまだ女性の社会的な地位は低く、とくに経済界、商業界にあっては、女の身ひとつで財をなしたような例のまったくない時代である。まして未亡人という、なにかと弱い立場にありながら男まさりの経営手腕を発揮してのけたのだから、世間が「女今太閤」とよんだのも無理はない。

吉本せい自身、この「女」である立場を、目一杯利用してみせた気味もあるようだ。ひとを使うことのうまかった彼女は、自分自身をもプロデュースし、演出してみせたので、そうしたことには天才的なすぐれた感覚を有していたかに見える。

婦人の地位がむかしとは格段にちがって高くなった昨今でも多少はその気味が残っているのだが、世間は、まったく同じ程度の仕事を男がしたときと女がしたときで、その評価を変えるものだ。つまり、男がしたのではなんでもないことが、もし女の手になったものとなると、ただそれだけのことでかなり高い評価がなされてしまう。まだまだ女が外に出てはたらくことの珍しかった時代とあればなおさらのことである。そんな世間の雰囲気を、吉本せいという女は苦もなく利用できたのであった。

もちろん、そうしたはたらきが、文字どおりの女の細腕一本でなされたわけではなかった。短期間に、何軒もの寄席を買収していったについて、かんじんのところで夫の吉兵衛の「男」としての顔がものをいったことを、認めたくはなかったが熟知していたせいは、夫の死後も、何度か訪れるであろう重大な局面に、やはり「男」のちからが必要となることも知っていた。しかも、このばあいの男は、自分の意を代行してくれる「男」でなければならなかったのである。

仕事が拡大していって、他人のちからを借りないことにはやっていけない状態になったとき、せいがいちばんはじめに声をかけたのが明石で呉服屋に奉公していた実弟の正之助であったことは前に書いた。この正之助は、吉兵衛が突然世を去ったとき、すでにせいの片腕としての役を充分に果していた。夫の死が、正之助にこれまで以上に大きなはたらきを要求するであろうことが、せいにはよくわかっていた。つまり、正之助ひとりのちからでは手にあまる事態のくることが目に見えていたのである。

そこで正之助の八歳下になる、これも実弟の弘高をも招いて、すでに進出を果していた東京地区の仕事を一任することにしたのである。もともと家内工業的な色彩の強かった寄席経営という事業だが、吉兵衛のちからで傘下の寄席が多くなり、いまでいう娯楽産業としての形態がととのいつつあったときになお、せいはいちばん重要な部分を他人まかせにすることなく、身内の血縁でかためたのである。どんなに大きな組織になっても、自分の目で見て、自分の手で動かせる、家内工業的な小まわりのきくものにしておきたかったせいにとって、血縁はなににもまして強いよりどころであったのだ。

おなじ血をわけた兄弟でありながら、正之助と弘高は性格的にかなりちがったものを持っていた。その性格のちがいを、せいはたくみに利用した。

かなりあとの時代になってなお、周辺の藝人たちに、「できるのは金勘定だけで、藝のことはからきしわからない」といわれつづけた正之助に対し、弘高のほうは姉のせいが成功した恩恵だけを受けて、俗にいう「若いときの苦労」をしないですんだこともあって、多分に坊っちゃん気質を有していたように思う。晩年は脳卒中に倒れ、不随の身体をじれったがっていたものだが、その文学青年的な気質は、昭和四十六年に六十四歳で世を去るまで持ちつづけられた。経営者としては、いささかロマンティストすぎるなどといわれて、交遊関係も多彩だったが、戦後占領軍の圧力で国会議員を辞し、不遇をかこっていた共産党の細川嘉六《ほそかわかろく》のシンパであった事実など、このひとの一面をものがたってあまりある。

こんな弘高に、躊躇《ちゆうちよ》することなく東京の仕事を与えたあたりに、吉本せいという女の、ひとを見る目のたしかさを感ぜずにはいられない。おなじ兄弟でいて、まったく性格のちがう正之助のそばに置いたのでは、弘高の才能は発揮されないことをすでに見抜いていたのである。無神経でがさつなところがあって、ものごとを強引にはこびたがる正之助と、見かけに似ず神経質で、文学青年気質の弘高のふたりがいっしょに仕事したのでは、いくら血をわけた兄弟であっても、いずれ衝突することがせいにはわかっていたのである。それに、いちど衝突すると、なまじ血をわけた兄弟であるだけに収拾のつかない泥沼におちこむ危険もあった。そのあたりをおもんぱかって、なお弘高の才能を高く評価していたせいは、彼を東京に送り出したのである。大阪生まれの大阪育ちではあったが、弘高の性格は多分に東京っ子的な面があり、大阪で骨肉の情のからんだもめごとに気をもみながら仕事をするよりも、東京で活動させたほうがより大きな成果があがるとふんだせいの判断は、まったく正しかったのだが、それは実の姉としての勘というより、経営者としての冷静な決定であったのだ。

こうしたせいを、二頭だての馬車をたくみにあやつる馭者にたとえるむきもあるのだが、たしかに吉本吉兵衛の死後の吉本興業という組織を代表したのは女社長の吉本せいで、林正之助、弘高というふたりの実弟が車の両輪のはたらきをしたことを思えば、このたとえ当ってなくもない。いずれにせよ、ふたりの実弟の性格的なちがいを見てとって、たくみにそれを利用したせいは、その持ち前の鋭い判断力で、自分の周辺にむらがってくる多くの藝人たちの思惑も、次から次に見ぬいていったのである。

晩年の林弘高には、かなり親しくさせていただいたのだが、なかなか魅力的な人物であった。なつかしいひとである。その時分の林弘高は、病後の身体に鞭打って、吉本興業の社長をつとめていたのだから、大阪と東京をまたにかけた多忙な日を送っていた。たしか昭和四十三、四年頃のことである。僕に、林弘高を引きあわせてくれたのは、当時吉本興業の制作部次長だった浅野多喜雄で、吉本専属の落語家では月亭可朝《つきていかちょう》や笑福亭仁鶴《にかく》が売れ出しかけていた時期だった。

戦後、民放のラジオ番組制作や、柳家金語楼《やなぎやきんごろう》のマネージメント、さらには力道山《りきどうざん》のプロレス興行にまで手をのばしていた、林弘高のひきいる東京の吉本は、大阪の吉本興業とはまったく別の組織になっていた。一時期は相当のはぶりで、銀座の一等地に本社とスタジオを有するまでになっていたのだが、世のなかが落ちつきを取り戻すとともに、いくつもの劇場、映画館を有していた浅草六区の興行街が急速に斜陽化したこともあって、会社更生法の適用を受けるまでになってしまう。同時に名古屋に持っていたトヨタ系列の会社もたちゆかなくなるなど、よくない事態がつづいた。林弘高が、脳卒中に倒れたのもこの時分のことで、重なった心労が原因だろうといわれたものだ。

そんな、いってみれば浪人中の林弘高が、大阪の本陣ともいうべき吉本興業に招かれて、一時的にも社長の職についたについては、複雑な吉本の内部事情が介在していた。

昭和二十五年に、吉本せいが没していらい、吉本興業は林正之助のワンマン体制がつづいていた。株式市場の第一部に上場されているにしては資本金が少ないとか、かんじんの株式が一部株主にかかえられたまま市場に出ないことなど、とかくの噂がありながら、とにもかくにも大阪を支配する興行資本として、着実にその地位をきずいていた。遠くさかのぼれば、吉本吉兵衛、せい夫妻のきずきあげた財産は、戦火によって灰燼《かいじん》に帰してしまったのだが、映画、演藝、民間放送、さらにはボウリングにレストランにと新しい分野に手をひろげ、レジャー産業一方の雄として順風満帆の歩みをつづけていたといっていい。

ところが、当時の金で二億円にのぼる社員の公金費消事件が発覚して、会社は一時的危機におちいったのである。しかもその使いこんだ社員というのが、林正之助の身内の人間であっただけに、社の内外に与えた影響も大きかった。吉本せいらい、組織の中核を血縁でかためてきたことのひずみが、一挙に噴出したのである。当然のことながら林正之助は、身体の調子のよくなかったこともあって、一時的に身をひくとで責任をとった。とりあえず浪人中の林弘高が相談役として大阪によばれ、次期の株主総会で社長に就任する。

経営的に決していい状態でないときの社長就任であるところに持ってきて、就任直後の昭和四十三年一月十一日に、前社長の林正之助が兵庫県警に逮捕される事件が出来するなど、林弘高も相当の苦境に立たされた。正之助が逮捕されたのは、それ以前の昭和三十六年に設立されたマーキュリー・レコード会社を乗っとり、ヤンマー音響会社内の工場建物の地上権、借地権を時価の二十分の一という安価で無理やり買収するのに際し、山口組との関係を持ち出した疑いからである。警察では、こうしておどし取った金が山口組に上納されたとみていたのである。経営上の悪条件が重なっていたとはいえ、財津一郎、白木みのるなど人気コメディアンをかかえて、世間的なイメージは決して悪くなかった吉本だけに、正之助の恐喝行為が大きく新聞に報じられたことが、林弘高にとっても、なにかと仕事をやりにくくさせたであろうことは想像に難くない。

その林正之助、弘高の兄弟仲だが、はやくも吉本せいが見ぬいていたように、大きな性格的な相違もあって、決してよくはなかった。少なくとも周囲はそう見ていたようである。弘高の社長就任にしても、自らまいた種子とはいえ、自分の留守中に土足でふみこまれたような思いを正之助がいだいたのも無理はない。釈放後の正之助が、弘高不在の社長室にのりこんできて、何人かの役員を前に、

「おまえら間違えたらあかんで、この会社はワイの会社やでェ」

と、どなり散らしたこともあったときいた。

そうはいっても血をわけた実の兄弟の絆《きずな》は簡単に断ちきれるものではない。弘高が、

ふたたび倒れたときなど、真っ先にかけつけた正之助は、弘高の手をとってひと前もはばからずおいおい泣いたという。

なにかと正之助の圧力を背に受けながらの社長職であるところにもってきて、自分の身体が本当でなかったのだから、ずいぶんとつらい立場であったはずなのに、垣間見た林弘高というひとの仕事ぶりは、明るく、バイタリティにあふれたものだった。どういうわけか、まだ若かった僕に目をかけてくれて、月に一度位の割で大阪に招いてくれたり、自身上京したときに呼び出され、いろいろとご馳走してくれたりするのである。ひとと会食することが楽しくてしかたのないひとらしく、夫人や子息の英之、新宿末広亭の席亭で元気だった北村銀太郎夫妻などと、新橋亭の中華料理の席に招かれたこともある。

こんなときの林弘高はご機嫌で、若かりし日に、日劇で『マーカス・ショー』を上演したときの裏ばなしなどしてくれるのだった。

いま、有楽町マリオンなる巨大なビルに生まれ変ってしまったかつての日本劇場が、ときの文相鳩山一郎などをむかえて開場式を行ったのは昭和八年十二月二十四日のことで、皇太子明仁誕生に、日本中がわいていた。「陸の竜宮」とよばれた円形のモダンなこの大劇場は、立地条件などにも恵まれており、鳴物入りの開場だったが不入りがつづいた。四千人収容をうたいれものは、いかんせん大きすぎるといわれたのである。

そんな日劇が、一躍脚光をあびるきっかけとなった催しが、満洲国帝政慶祝週間と銘打たれた昭和九年三月一日から上演された『マーカス・ショー』であった。『マーカス・ショー』は、ニューヨークから招いた六十人をこす編成になるレビューで、レオン・ミラーが演出・振付を担当していた。なによりも本場のレビューが日本の舞台で紹介されること自体が珍しかった。なかでも、ミス・ハッチャによる「ブロンズ・ビーナス」なる金粉ショーには、みんな目をみはったといわれる。全身の曲線があらわにされるなど、当時の観客には思いもよらぬことであったのだ。大好評を博し、大入満員がつづき、日本劇場の名も大いに高まったのである。

売り出す前のダニー・ケイなども加わっていたこの『マーカス・ショー』だが、日劇が独力で招いたものではなかった。当時の新聞広告や記録のどこをさがしても明記されていないが、じつは林弘高による興行であったのだ。

当初『マーカス・ショー』のマネジャー、チャールス・ヒューゴは、日劇支配人の出張太郎との交渉で、ニューヨークからの船賃さえ前渡ししてくれればすぐにも出発するといったのだが、不入りつづきの日劇ではこの前渡金の才覚がつかなかった。そのうえ、当時の国際情勢からみて、ユダヤ系外人のレビュー団の日本公演がすんなり許可になるかどうか、見通しのほうもこころもとなかったのである。

旗一兵『喜劇人回り舞台』(学風書院)によると、このはなしが、

〈まわりまわって吉本興業の東京支社長林弘高の耳に入った。弘高は兄の林正之助とヒューゴの商談に応じる一方、大化会の会長岩田富美夫の応援により右翼関係や当局に運動し、やっと一カ月間の日本通過査証を得ることに成功した。そこで吉本は一万円の船賃をヒューゴへ渡し一行入国の手続きを取ったが、その手数料として日劇と「マーカサス」《ママ》の収益から五％ずつ取ったのが十万円になったのだから、当時としては破天荒なヒット興行といわなければならない。入場料は映画館最高五十銭のとき三円、二円、一円五十銭を取ったが、連日割れんばかりの大入りだった〉

僕が林弘高から直接きいたところによると、大成功といっても、ぬれ手に粟式の苦労しらずのものではなかったらしい。とにかく来て、この目で見るまでは、どんなショーであるのか皆目《かいもく》見当がつかないというのが実情であったという。案の定、公演を

目前に警視庁から横槍がはいった。なにしろ「ズロースは、股下二寸以上たること」なんてお触れの出ていた時代である。へそを露出するなどとんでもないというわけだ。

　右翼関係に手をまわしておいたといっても、すべてに行きとどいていたわけではない。つけとどけのなかった右翼が、いやがらせに三階席で爆竹をならすやら、ビラをまくやらしたという。死ぬまで、左右両極まんべんなく幅広い政治家づきあいをやめなかった林弘高の交遊は、この『マーカス・ショー』に端を発していたらしい。ともあれ、『マーカス・ショー』の成功は、開場間もない日本劇場の名を天下に高めたと同時に、この業界に林弘高という若きプロデューサーの存在を知らしめたのである。

　しばしば林弘高にご馳走になっていた頃は、まさか吉本せいについて書くことになるなどとは考えてもみなかった。だから、ずいぶんと沢山の吉本せいに関するエピソードなどはなしてもらったはずなのに、メモひとつとっておくことをしなかった。いわゆる饒舌なひとではなかったが、こちらがたずねさえすれば、どんなことでもくわしく教えてくれたし、記憶力のほうもしっかりしていたように見えただけに、いろいろとき出しておけばよかったと、いまになって悔やまれる。

　はなしが横道にそれたようだ。夫を失った吉本せいに戻りたい。

吉兵衛に先立たれた大正十三年（一九二四）に、吉本興行部傘下の寄席が、京阪神、名古屋、東京に計二十八軒あったこともすでに記した。これだけの寄席がせいの手もとに残されたわけだが、同時に夫は三十数万円の借財をも残していったというはなしもある。大正十三年の三十数万円といっても、そう簡単に見当がつきかねるが、その前年に関東全域をおそった例の関東大震災で灰燼に帰した東京の市村座、本郷座、新富座といった大劇場を、応急的な仮普請で復旧させるのに、一座あたり十五万円見当かかるといわれたものだ。

もっとも、この三十数万円の借財説は、夫の残してくれた寄席を一軒も失わなかったばかりか、逆に十九軒もふやしてみせたあとで、せい自身が口にしているのである。多分に自分の苦労ばなしを脚色して他人に語っていた気味のあるせいだけに、この三十数万円の借財説はにわかに信じ難いところもある。ただ、吉本吉兵衛が短期間のうちに急速に寄席をふやしていったについては、「千円貯金ができると一万円借金をする」というやり方をふんでいた事情もあって、一時的にいくらかの借財が帳簿上残されていたことはあるかもしれない。

いずれにせよ、夫を失ったせいが、まず手がけたことは、まとまった金をつくり出すための積立月掛貯金であった。寄席という日銭商売にあっては、強固な意志さえ持っていれば、なにがしかの天引貯蓄は不可能なことではないのだが、いささか無謀とも思える月々二千九百円の五ヶ年据えおきで二十万円という月掛を始めたのである。それでなくても景気、不景気の差のはげしい寄席興行にあって、成績のよかった月を基準に、こうした天引貯蓄をすることは、相当の無理を強いることであったが、なんとかなしとげたのである。ここらが、女ならではの実利的な手がたさで、一見積極果敢にうつりながら、そのじつ、石橋をたたいて渡る式の安全策であったのだ。

　夫が死んで、二十八軒の寄席がせいの手に残されたとき、その寄席の高座をにぎわせる演藝の主流はまだまだ落語だった。いかに安来節の人気が沸騰していたとはいえ、あくまで番組に色どりをそえる役目にすぎなくて、その寄席の看板になる藝といったら、やはり落語なのであった。事実、この時分の「吉本興行部連名」を見ると、圧倒的に落語家が多くて、四代目笑福亭松鶴、二代目林家染丸、二代目桂三木助、露《つゆ》の五郎、桂春團治、二代目桂小文枝、三代目三遊亭圓馬といった上方落語史にかがやく大看板の名前が、それこそ綺羅星のごとくにならんでいるのだが、色物といわれる曲藝、琵琶、奇術、尺八、剣舞、万歳、軽口などにたずさわる藝人の数となるとぐっと少なくなる。面白いのは、この頃すでに吉本系の高座で重要な役割を果しており、大和屋三姉妹などという人気者を生んでいた「安来節」の藝人の名が載っていないことであろう。思うに、いくら人気があって、客に喜ばれてはいても、所詮は出雲地方から買いたたかれてやってきた素人集団にすぎないという頭が誰にもあって、藝人としての評価となると、また別の扱いであったのかもしれない。

その主流をしめていた落語家たちだが、かつて桂派と三友派に別れて、藝を競いあっていた時代から、岡田反対派の手をへて、すっかり吉本の傘下に統一されていた。それだけに、落語家の側には、「こんにちの吉本があるのは俺たちのおかげ」という意識が強くあった。つまり、吉本の短期間の急成長を支えたのは落語家たちだといった藝人ならではの自負であって、事実そうした面がまったくないとはいえなかった。当然のことながら、気位の高い落語家が少なくなく、楽屋で同席する色物の藝人たちに対し、ややもすれば見下した態度をとるのだった。自然、色物の藝人は色物の藝人で、卑屈になっていく。

吉本吉兵衛は、なんといっても自ら剣舞で高座に立っていたくらいで、藝人のこざかしさにはひと一倍通じていたから、こうした落語家たちの度をすごした自負心をおさえつけるだけのちからを持っていた。ところが吉兵衛の死によって、いやでもそうした落語家連中との折衝《せっしょう》にあたらなければならなくなった林正之助には、それだけのちからがなかった。それでなくても「あれは金勘定だけの男」という感覚で正之助を見ていた落語家たちは、ますますつけあがることになる。こうした落語家たちの、自分を無視したような態度が、若い正之助には面白くない。いきおい、それなりに自分になびいてくる色物の藝人たちのほうにちからをそそぐようになるというのも、自然のなりゆきであった。

こうした色物の藝人の多くは端席の出身であった。明治の末の大阪には、木戸一銭で色物の藝人をならべた端席が沢山あって、この種の席に出る藝人のことを「一銭屋」などといって蔑んだものである。そんなところから出てきた色物の藝人が、吉本の急成長によって多く吸収されていたのだが、林正之助がそんな藝人に目をかけ出したことも、古い落語家たちを刺激した。

「一銭屋出の藝人と、同じ高座に出られますかいな」

と、露骨にいや味をいう者もいたし、

「なんせ、五銭落語の出やからな」

と、吉本吉兵衛、せいの夫婦が天満天神裏の端席第二文藝館を買収してこの世界にのりだしたときに、木戸銭五銭で出発したむかしのことを引きあいに出したりした。はては、「金勘定だけの男」という林正之助の評価に、「藝のわからん男」が加わることになった。伝統をふまえた上に、訓練を重ねて、ひとつの様式を持った上方落語にたずさわっている身には、一銭屋出身の色物の多くは、「まるで藝のないもの」に見えたし、そうしたものに目をむけるのは、「藝のわからん男」のすることであったのだ。

こうした事態を、吉本せいはだまってみていた。もちろん、正之助に対する苦情を直接せいに訴えてくる落語家もいないではない。そういうときのせいの処し方は見事であった。とことんまで彼らの憤懣に耳をかたむけてやるのである。それもただいい分を一方的にきいてやるだけでなく、意とするところを充分に理解してやり、改善を約束するのである。そこまでしておいて、それを正之助に伝えて、意向にそうような方法を示唆することはしなかった。落語家のほうは、ご寮ンさんがはなしをきいてくれたというだけでかなり満足したし、せいが落語家の味方をしてくれている心証を得られればそれでいいのだった。そんな落語家の気持が手にとるようにわかっていたせいは、あえて正之助の思うようにさせていたのだった。

そんなことよりも、もっともっと大きな関心事がせいにはあった。それは、関東大震災後、大正天皇の崩御《ほうぎょ》があって、昭和と年号が変ったことにつれ、世のなかが急速に変りつつあることであった。風俗革命といっていい。急速にすすむ日本の都市化現象は、昭和五年に都市人口の比率を二四パーセントまでに高めている。そんな風潮を象徴するもののひとつに、「文化」という言葉の流行があった。会社員、銀行員などの、いわゆるサラリーマンが文化的な職業として脚光をあびだしたのである。

こうした、小市民などとよばれた新しい階層の営む暮しぶりのすべてに、「文化」という言葉がつけられた。いわく文化生活、文化住宅、さらには日用品にまでこの二字が冠せられて、文化剃刀《かみそり》から文化鍋、はては文化煎餅《せんべい》まで登場するしまつである。郊外のささやかな赤瓦の一戸建住宅か、近代的なアパートに住むことが文化的な生活の典型となり、これまで愛用されていた「へっつい」が台所から追放された。

このような風俗の激しい変りようのなかで、吉本せいには、新しく擡頭《たいとう》してきたサラリーマン階層が、思いきりよくこれまでの和服を脱ぎ捨てて、洋服に靴というスタイルで出勤している事実が興味ぶかかった。女は無論のこと、男たちもほとんどが和服を着用している世界しか知らないでこんにちまでを生きてきたせいに、それはなんとも奇異にうつる光景であった。

日本の男たちが、和服から洋服に着がえだした最大のきっかけは、関東大震災だといわれている。もっとも、あの災害で逃げまどうのに、和服というのはなにかと足手まといで、その体験が日本の男に洋服を着させたという説は、少しばかりちがっているようだ。だいたい和服しか身につけたことのない者に、なにかと足手まといもなにもない。洋服を着たことのない者に、洋服のほうが楽に身体を動かせるという認識はないはずである。

和服にかわって洋服がこれだけ普及したのは、震災後の都会に建設された建物に圧倒的に洋風のものが多かったからである。つまりすっかりモダンになった街なみにこれまでのような和服姿はマッチしないのである。それでなくとも文化生活ばやりの世のなかに即していた、激増しているサラリーマン階層である。彼らがいっせいに洋服に着がえてみせたのも当然だった。

こんな新しい風俗を見ていると、主流をしめていた落語という藝ははたしてこのままでいいのだろうかと、吉本せいは考えるのだった。それまでの落語に描かれている暮しと、それを語っている落語家自身の生活、さらにお金を支払ってそれを客席できいて楽しむ階層とが、風俗的にまったく同じ平面にあった時代は音たてて崩れているように見えたのである。むかしに変らぬ洗練された名人藝に、すっかり変った新しい風俗のなかで生きる階層が、これからも満足できるものか、気がかりといえば気がかりであった。

さらに、大正十四年（一九二五）三月二十二日、東京で第一声をあげたラジオ放送の電波が六月一日になると大阪でもきけるようになる。社団法人大阪放送局が高麗橋の三越の屋上に設けた仮放送所から放送を開始したのである。こうした新しいメディアが、寄席興行にどのような影響を与えるものか、せいには皆目見当がつかなかった。ただはいってくる日銭を、しっかりと管理して上手に運用することだけを考えていれば、それでなんとかなった時代は、吉兵衛の死とときを同じくして去ってしまったように思えたのである。即座に明確な判断を下さねばならない事態が、日ごと襲ってくるような新しい時代の波に押された吉本せいにとって、いちばんほしいのが先見の明を有した頭脳であった。そうした点となると、ひと一倍の行動力を誇る林正之助にも、いまひとつもの足りない思いがあった。もうひとりの実弟弘高を東京に出しているせいには、大正十二年（一九二三）に生まれた二男泰典（後の穎右）の成長が、一日千秋の思いで待たれるのであった。

この時代、落語に対して、万歳はどうだったのだろう。いつの世にも、落語と万歳を比較して、落語よりも万歳を一段低いものと見る風潮があるようだ。この事情は東京も大阪も変りがない。まして寄席といえば落語家の出演するところといった感覚で受けとられ、落語がその主流とあっては、万歳も単なる色物のひとつにすぎなくて、あくまで落語あってのそえものという扱いであった。この風潮は、万歳が漫才と書かれる新しい藝に生まれ変っても、しばらくのあいだはなかなか払拭できないでいたかにみえる。

日中戦争が泥沼状態になっていた時代の浅草に生きたひとびとを描いた高見順の小説『如何なる星の下に』に、こんなくだりがある。

〈あの人は（と、何か語調を改め）漫才なんかやる人じゃないんで——いつかも僕にこう言ってた。高座に一人で出てて、大勢のお客さんを相手にして負けないのが、これが芸人で、二人出てやる漫才屋なんか芸人じゃない。こう言って——漫才屋になった自分はもう芸人ではなくなったと笑ってたが、もとは寄席に出ていたんですね。それが、例の、もう随分前の話だが、寄席の没落で、仕方なく漫才屋に転向——転落というのかな。森家惚団治《ほれだんじ》のところへ入って、森家惚太郎ということに成ったが、この惚団治が矢張り寄席の没落で漫才屋に転向したんで、もとは落語家《はなしか》でさな〉

たったひとりで客を満足させることもできない漫才は、正統な藝人のするものではないとする考え方は、日中戦争の頃までしごく一般的なものであったことが、これでわかる。

もともと素朴な、奉祝のための民俗藝能であった万歳だが、落語よりも一段低く見られていたについては、この藝が門付《かどづ》けといったかたちの放浪藝としての歴史の長かったことも影響していたかもしれない。

そのほとんどが落語家という大勢の藝人と、二十八軒の寄席を残して吉兵衛に先立たれたせいが、世のなかの急激な移り変りに複雑な思いをいだいていたとき、関西地方の万歳は、神戸の盛り場であった新開地を中心に花を咲かせていた。新開地には、神戸福原遊廓の西、さらには湊川公園から南にかけて、沢山の劇場、寄席、活動写真小屋が軒をならべていた。大阪の新世界を連想させる庶民的な盛り場ではあったが、一流の興行街とはいい難く、そこに出る藝人は場末の藝人の目で見られていたことも、万歳の地位を一段低いものにした原因であろう。

　奉祝藝であった万歳には「柱立て」「神力」「地の内」といった祝儀物の祝詞を欠くわけにはいかなかった。その万歳が、大正期にはいって、徐々に祝いごとのめでたい要素が薄められ、音頭をまじえた歌謡的な要素が濃くなってきたのである。このあたりの事情を、前田勇は、『上方まんざい八百年史』（杉本書店）のなかで、〈一瞬にして万歳から「めでたい」要素が姿を消した。同時に上方万歳はシャベルことが一大武器であることに目覚めた。もしくは大阪弁がいかに万歳にふさわしい言葉であるかということに目覚めた。いや、厳密に目覚めかけたというべきであるかも知れない。なぜなら歌が歌えなければ、万歳として大きな顔ができなかったからである。その歌から「柱立て」「神力」「地の内」その他すべて祝詞を有するものが総退却した。歌い物でありさえすれば、何でもよかった。大津絵、追分、都々逸、流行歌、浪花節、博多節、鴨緑江節、安来節、等々。それこそ枚挙《まいきよ》にいとまがない。てんでん向き向き、人前に出せるものでさえあれば、何でも許された。元歌のままであろうと替歌であろうと、脱線歌ならなお結構――現に砂川捨丸《すながわすてまる》など、最もこれを得意とした〉

と述べている。

こうした万歳の歌謡化、さらには対話化がそれまで万歳の藝人が高座で必ず手にしていた「鼓《つづみ》」を不要のものとした。鼓を持たないかわりに、張扇《はりせん》を手にした太夫が、才蔵の頭をぴしゃりとたたくのが流行した。奉祝藝の要素の薄れた万歳には、太夫と才蔵という呼称は使われず、シンとボケとよばれていたから、なぐるほうがシンで、なぐられるほうがボケである。十何年程前に、正司敏江《しょうじとしえ》・玲児《れいじ》という漫才コンビが、テレビで演じた「ドツキ漫才」なるもので人気を博したことがあったが、あれはテレビ時代の演藝として突如出現したものではなくて、この時代すでにその原型があったのである。しかも、この「なぐり漫才」だが、人気が高まるにつれエスカレートする一方で、はじめのうちは芯に骨のない張扇を用いていたのに、骨のはいった張扇になり、ついには拍子木で相手の頭をなぐるまでに至った。朝日・菊丸という万歳など、なぐられた坊主刈の菊丸の頭がカーンという冴えた音を客席にひびきわたらせるので人気があったという。もっとも、穐村正治の書き残したものによれば、この拍子木、内側がくり抜いてあって音の割には痛くないという。それにしても拍子木程度でおさまったわけではなく、ブリキの石油缶、ゴム長靴から、二尺三寸の丸い青竹、さらには張扇のなかに煙硝玉をしこんで、なぐったとたん炸裂音を発する仕掛物までとび出した。

こんな万歳に、林正之助が目をつけた。なによりも万事派手なところが好みにもあったが、落語家連中に藝がわからないといわれ、なにかとうとんじられていた正之助にとって、マイナーな藝として蔑視されていた万歳には、自分が大きく育てていける要素が沢山あるように思われた。とりあえず、千日前の三友倶楽部で評判をよんでいた安来節のあいだに何組かの万歳を組みあわせてみたのである。

安来節の一座は、二十人ぐらいと世帯こそ大きかったが、月給は一座まとめて千二百円、三十五銭の弁当を支給した楽屋どまりとあって、利益率は悪くなかった。悪くはなかったが、藝そのものは素朴にすぎる民謡に、泥鰌《どじょう》すくいと称するコミカルな踊りで、客席との当意即妙なやりとりこそあったものの、せいぜい一高座二十分くらいとあって、番組編成に変化をつける寄席本来の狙いからいうと少々苦しいところがあった。その単調さを、数組の万歳を加えることによって救うことができたのである。

万歳は、安来節とちがって盛り沢山の内容を含んでいたうえ、一高座の時間も四十分から五十分と、当時の落語にも充分匹敵できるだけの長さを持っていた。

千日前の三友倶楽部で安来節のあいだに万歳をいれる試みは、好評をもってむかえられ、林正之助も鼻が高かった。評判のよかったいきおいに乗じて、落語の定席にも色物として万歳を出演させるようにした。こんなことで、ふだん高姿勢な落語家連中にあてつける気持が、正之助にまったくなかったとはいえまい。そんな正之助を、吉本せいはまだ黙って見ていた。ただ、こうして万歳の高座がふえてくるにしたがって、かかえている藝人の数も増加してくるのが自然のなりゆきであった。大正十一年（一九二二）、まだ元気だった吉兵衛の手で、三友派連を吸収したときの連名では、わずかに荒川金時・芳丸、蘆《あし》の家《や》雁玉《がんぎよく》・玉子家春夫、玉子家政夫・菅原家千代丸、浮世亭清・出羽助と、四組を数えるだけであった。それが大正十五年（一九二六）には二十三組にふえ、昭和三年三月の日付のある「花月派吉本興行部専属万歳連名」というのを見ると、なんと四十八組がその名を連ねている。

昭和二年も暮れようとしていた。

大阪道頓堀の弁天座に、「全国万歳座長大会」の看板がかかげられたので、たいていのことにはおどろかない浪花っ子が、どぎもを抜かれた。吉本のしわざだった。

官許のしるしでもあった櫓《やぐら》をかかげた由緒のある芝居小屋が道頓堀には五軒あって

道頓堀弁天座の全国万歳座長大会（昭和二年十二月）

「五座の櫓」といわれたものだが、弁天座もそのひとつであった。もっとも、この道頓堀の芝居茶屋に生まれた三田純市は、その著『道頓堀』（白川書院）で「五座の櫓」について、

〈ひと口にこう言い慣わしてはいるものの、しかし五座とは果して何座と何座を指していうのかということになると、どうもはっきりしない〉

としながら、

〈子どものころ、五座の櫓と聞かされて、私はしごく単純に、わが家の向かい側にならんでいる弁天座（いまの朝日座）、朝日座（いまの道頓堀東映）、角座、中座、浪花座の五つだと思っていたが、しかし、

もちろん、これが伝統の五座ではない〉

と記している。

いずれにしても、当時の弁天座ときたら、そこらへんの寄席などくらべものにならないくらいの格式を誇っていた。「全国万歳座長大会」を催した昭和二年には、文楽の本拠になっていた。ついでに記せば、その後、沢田正二郎の新国劇が再起したのも、この弁天座であった。そんな格式と伝統を誇るばかりか、収容人員千を越す大劇場に、まだまだ蔑みの目で見られていた万歳をかけようというのだから、「吉本は、いったいなにを考えとるんや」と世間の声がやかましかったのも無理はない。

もちろん、この企画を実行に移したのは林正之助であった。当然のことだが、落語家連中の不平不満がうずまいた。自分たちですら踏んだことのない弁天座の檜舞台を、一足先に万歳風情が踏んでみせるなど許し難いことに思われたのである。

面白いことに、吉本せいは、この弁天座の「全国万歳座長大会」に、あまり強い反対をしていない。正之助に対して、

「うちがこんにちあるのは、なんというても落語の師匠連のおかげなんやで。それを忘れて、あんまり落語の師匠を怒らすようなことはせんといて……」

ぐらいの愚痴をこぼすと、あとは黙って正之助のすることを見ていたふしがある。せいは、急増する小市民などとよばれる新しい階層や、大衆と称する庶民たちの娯楽的関心をひきつけるには、伝統の上にあぐらをかいて古風な演出に固執している落語では、もはやちからが衰えつつあることを、ひしひし感じていたのである。

入場料は、一等が一円二十銭、二等八十銭、三等五十銭、小人十銭だが、出演者の名前が『大阪百年史』に列記されていて、それによると、

〈荒川芳丸・芳春、芦乃家雁玉・林田十郎、都家文雄・静代、玉子家弥太丸・浅田家日佐丸、浮世亭夢丸・柳家雪江、荒川光月・藤男、浮世亭出羽助・河内家一春、日本チャップリン・梅乃家ウグイス、松鶴家団之助・浪花家市松、玉子家志乃武・山崎次郎、砂川捨市・曾我廼家嘉市、河内家文春・玉子家政夫、松葉家奴・荒川歌江、河内家芳春・二蝶、若松家正右衛門・小正、荒川芳若・芳勝、砂川菊丸・照子、宮川センダル・小松月、花房秋峰・出雲金蝶、桂金之助・花次、河内家瓢簞・平和ニコニコらである〉

と、なっている。ほかに、特別出演として江戸家《えどや》猫八《ねこはち》と八木節家元を称していた堀《ほり》込源太《ごめげんた》が出ていた。猫八は、現猫八（二〇〇一年没）の実父である初代だ。

弁天座の「全国万歳座長大会」は、大成功に終った。超満員の客がつめかけたのである。まさかと思った大博奕が、見事に当ったのである。時代は、確実に動き出していた。残されたこのときの写真があるのだがつめかけた観客は、暮のこととあってほとんどが二重まわしを着用している。いわゆる一般大衆の好みに、万歳という藝がマッチしたのであろうが、この時点ではまだまだ洋服姿のサラリーマンらしき層はあまり見当らない。

勝てば官軍というが、林正之助は意気軒昂《いきけんこう》であった。万歳が充分商売になるとふむと、昭和五年、難波の南陽館を万歳専門の小屋として、入場料十銭をうたって開場したのである。南陽館は、南海電鉄難波駅から千日前へ出る角地にあったというから一等地である。そんなところで十銭の入場料では算盤《そろばん》があうわけないと思われたのだが、この「十銭万歳」が当ったのである。未曾有《みぞう》の不景気を背景にしたエロ・グロ・ナンセンスの時代で、コリントゲームやベビーゴルフが流行する一方、「蓄妾を禁止せよ」「汽車の一等を廃止せよ」「ダンスホール、カフェ、バー、待合藝者屋を停止せよ」などというビラが各所にはられていた。万歳以外にも、十銭商売は流行していた。いわくテンセンストア、テンセンコーナー、よりどり十銭……そんな風潮にのった

「十銭万歳」は、入場料の安いことをおぎなってあまりあるだけの客を集めた。雑誌「大大阪」というのがあって、それに村島帰之の調べた昭和四年当時の諸演藝の入場料が載っているものを孫引きすると、

〈落語　花　月　亭　桟敷一円二十銭　六十銭

浪曲　播　重　特等六十銭　一等四十銭　二等三十銭

万歳　三友倶楽部　一等三十銭　二等十銭

　　小　宝　席　二階二十五銭（中人小人十銭）　十銭（小人五銭）

　　第一愛進館　特等三十銭　一等二十銭　二等十銭

　　西　陽　館　二階三十銭　十銭〉

となっている。これで見ても「十銭均一」という入場料がいかに破格であるかがわかる。この十銭万歳について、前田勇は前出書で、

〈十銭時代の前には五銭時代もあったが、五銭万歳という称はついに生まれなかった。そのような称呼の生まれるか生まれないかは、その背後に大衆がついているかいないかを物語るのであって、万歳の隆盛はこの一瑣事にも反映している〉

と記しているのだが、いつのまにか万歳という藝が、ひとびとの暮しのなかにはい

りこんできていた。

十銭万歳が当ったいきおいにのって、その年の三月、千日前の三友倶楽部で「万歳舌戦大会」というのを催して、人気投票を行なった。これは大阪日日新聞とタイアップしたもので、十日間の期間中に三十銭の入場料を支払った客ひとりにつき一票が与えられるシステムであった。三日目から、途中の開票経過が新聞紙上に発表されるわけだが、出演の万歳連中はこの期間たがいに口もきかないくらい白熱した状態になった。結果は、一位花菱《はなびし》アチャコ・千歳家今男《ちとせやいまお》、二位轟一蝶《とどろきいっちょう》・日出子《ひでこ》、三位浅田家日佐丸・平和ラッパ、四位蘆乃家雁玉・林田十郎、五位小山慶司・荒川歌江といった順位になった。オールドファンにはなつかしい名前がならんでいるが、これがこの頃の新進の顔ぶれで、ようやく陽のあたってきた万歳にかけて、みんな意気さかんなものがあった。このとき一位のアチャコ・今男組は、二位を千票以上引き離す四千七百十三票を獲得している。ちなみに一位の賞金は五十円、景品として、吉本の紋付、大阪日日新聞のテーブル掛けがついた。

吉本せいにも、もう万歳がこのままほうっておくわけにはいかないものになってしまったことが、よくわかっていた。万歳は、いつのまにかひとり歩きし出して、大きく育ってしまったかに見えた。正之助は、自分の思惑が当ったこともあって得意だったし、せいもその努力を認めるのにやぶさかではなかったが、こうした状況のすべてに満足していたわけではなかった。むしろ万歳という藝に対して漠然たる不安をいだいていたのである。

たしかに、その藝から「奉祝」の要素が薄れて、万歳は変った。歌謡の要素が表面に押し出され、張扇をはじめとするいろいろな道具で相手をなぐるといったしごく単純なものであっても、対決というドラマティックな笑いをそこから見つけ出すことができた。これは、従来の「奉祝藝」とはかなり変った、笑いの藝のようにも見えた。その新しい要素に、聴衆がついていることも、せいにはよくわかっていた。

それだけのことがわかっていながら、せいは万歳のどこに不安をいだいていたのだろう。まったく新しく生まれ変ったように見えても、それは奉祝の要素が退却したというだけで、あとはほかの藝のよせあつめで時間をもたせるといった、これまでの万歳と、あまりちがわないように、せいには思えた。落語と同じネタを掛合いにしたり、浪花節の物真似や、軽口といわれた仁《に》輪《わ》加狂言《かきょうげん》のパロディ、謎がけのあいだを、音頭や民謡でつないで、はては相手をなぐる。これでは、あらゆる色物を集大成しただけで、万歳という藝の独自性がまったくないように思えた。いや、万歳を万歳たらしめていた奉祝の部分を、客が退屈をするという理由から消してしまったことによって、万歳は新しく生まれ変ったというより、その独自性を失ってこれまでのほかの色物のあいだに埋没した、なんの特徴もない藝になり果ててしまったような気がしたのである。これでは結果としてほかの色物の首をしめ、いずれは多くの客たちからそっぽをむかれてしまうのではないか。そのあたりのことになると、正之助が少しの疑問もいだいていない点も、せいのなんとはなしの不安の材料であった。

それともうひとつ。万歳が大勢の客を集めながら、それが従来の客層とまったく変らないことも、せいには不満だった。夫の吉兵衛のはたらきで短期間に急成長をとげた吉本を支えたのは、なんといってもすぐれた藝を持った落語家たちで、その落語をきくために多くの客が集まった。いま、生まれ変ったとされている万歳が集めている客層が、これまでの落語を支えてくれていた客層と、ほとんど変らないこともせいには気にいらなかった。落語には、まだ洗練された藝というものがあった。ただいたずらに周辺の藝をよせ集めて、即物的にすぎる笑いをとることに汲々としているような万歳の人気は、一時的なものでやがてあきられるにちがいないという確信があった。

吉本せいの、ほんとうにほしかったのは、新しい階層の客であった。時代が急速に変って文化生活とよばれるこれまでになかった暮しをいとなんでいるひとたちが、客としてほしかった。具体的にいえば、背広を着、ワイシャツにネクタイをしめ、靴をはき、鞄を手に毎日出勤するサラリーマン階層である。この激増している小市民とよばれる新しい階層をつかまないことには、これからの寄席興行は立ちゆかないというのが、せいの考えであった。

生まれ変ったとする万歳に集まる大勢の客が、従来の落語の客と依然変ることがなく、この小市民層のまったくないことをせいは真剣に危惧した。そしてその万歳も、すぐれた藝を持つ落語ですらも、新しい階層を満足させるちからを、ほとんど有していないこともせいの頭痛のたねになっていた。

背広を着た、昭和という新しい時代をになう小市民層に受けいれられるものがほしかった。それは、新しい藝でなくてはならなかった。新しい藝は、新しい頭脳からしか生まれない……と、ここらへんまでは吉本せいにも理解できるのだが、問題はそこから先にあった。

四　エンタツ・アチャコ

さて、エンタツ・アチャコである。

一世を風靡したこの漫才コンビについて、昭和五十年に出た「文藝春秋デラックス」増刊の『昭和50年をつくった700人』は、こう書いている。筆者は三田純市だ。

〈昭和6年1月コンビ結成

昭和9年10月コンビ解消

――この間、わずか三年九カ月。

これが、漫才コンビとしてのエンタツ・アチャコの、この世に存在した全期間ということになる。

この三年九カ月のコンビのあと、エンタツはエノスケと組み、アチャコは今男と組んで、漫才をつづけ、やがてそれぞれに〝喜劇人〟として三年九カ月よりははるかに長い期間を生きた。喜劇人横山エンタツの三十七年、おなじく喜劇人花菱アチャコの四十年よりも、わずか三年九カ月の〝漫才師エンタツ・アチャコ〟の存在のほうが、より大きく感じられるのはどういうことか——〉

じつはこのコンビ、昭和六年一月の結成以前に一度即席コンビの万歳で舞台に立っている。大正十一年（一九二二）のことだ。

まず、花菱アチャコだが、本名が藤木徳郎。明治三十年（一八九七）生まれ、大阪九条の仏壇屋の倅だ。新派の役者に憧れて、山田九州男の弟子になった。山田九州男《くすお》は、山九州《やまくす》の愛称で人気のあった名女形で、山田五十鈴《いすず》の父親である。だから、

「わて、よう美津子（五十鈴）はんの、お守りしたことおますワ」

と、アチャコがいっていたらしい。多分、山田九州男が千年町に住んでいた時分だろうと、長谷川幸延が『笑説　法善寺の人々』（東京文藝社）に書いている。

山田九州男のところには、一年ほどしかいなかった。うだつがあがらなかったのである。大きな体軀《たいく》、愛敬のある表情、それに身のこなしの風情など、新派よりもむしろその頃擡頭してきた喜劇のほうがむいている。自身曾我廼家五郎《そがのやごろう》に私淑していたこ

ともあって、喜劇の道にすすむことになる。地方まわり専門の小芝居を転々とした。

花菱アチャコという藝名は、その時分に自分でつけた。裏方を手伝って、拍子木を打つきっかけが何度やってもうまくいかない。座長が、しつこく念をおす。

「ええか、役者が〝ア〟いうたら、チョンやでェ。〝ア〟チョンやでェ」

そのうち座員から「アチョン」とよばれるようになる。自分の家紋「二重亀甲」の花菱型から花菱、アチョンのアチャコ、どうやら花菱アチャコの誕生である。

かくして大正十一年（一九二二）になった。播州路の加古川、北条など、小場をまわる堀越一蝶一座というしがない劇団で、そこの中堅だった横山太郎、のちのエンタツと出会うのである。この初対面の印象を、

「世の中にこんな生意気な人間はいないと思った……」

と、のちのアチャコはいっている。

一座が明石の三白亭というちっぽけな小屋で打っていたときだ。一座の役者に急用ができ、重要な役とあって代役をたてるわけにもいかない。幕あきをのばすあいだ、なにかでつながなければならない。ふたりのあいだで、

「幕外で万歳でもしてつながなしようがないな」

「万歳、したことある、か?」

「ない。稽古もない」

「わしもや」

「真似で、ひとつ演《や》ってみよか?」

「行こ」

こんな会話があって、舞台にとび出した。なにも用意なしで舞台に出たのだから、客にうけるわけがない。客席から野次がとんだ。

「万歳やれッ」

「万歳、やってまんねン」

「ほんまの万歳やれッ」

「ほんまの万歳でんがな」

「あほッ、万歳やったら歌わんかいッ」

「それが、歌えしまへん」

「踊らんかいッ」

「踊れまへん」

とうとう「やめろ、やめろ」の声といっしょに、客席のあちこちから蜜柑《みかん》がとんできた。しかたがない、ほうほうの態で楽屋に逃げ帰った。逃げながら、横山太郎がささやいた。

「蜜柑の一斉射撃くうとはな、一世一代の不覚やな」

アチャコが答えた。

「そやな。これがほんまの未完成や」

さんざんな万歳の初舞台であった。この当時の万歳が売物にしていた「地の内」「はやり唄」「数え唄」などがまったくできず、その上張扇も手にしていないとあって、相手の頭をたたくこともしない。これでは、客が、「ほんまの万歳をやれ」と怒り出したのも無理はない。

だが、昭和六年にコンビを結成して、まったく新しい漫才を創造し、これまた新しい小市民層の支持を得たふたりが、初めて即席で演じた万歳で、従来の万歳の藝ができずに、ただしゃべくりに終始したため無残なる失敗に終った事実は、それからの漫才にとって象徴的な出来事だったといっていい。

横山エンタツのばあいはこうだ。本名は石田正見《まさみ》。明治二十九年（一八九六）生まれ。兵庫県に三田というところがあって、そこの藩医の孫で、父の名が四五六というのだから変っている。関大の夜学に通い、野球部にもいた。一見してアチャコよりはるかにインテリ風なのも、その経歴から理解がいく。

十九歳で、新派の小芝居にはいって、遠く朝鮮、満洲まで巡演した。内地へ帰って、花菱アチャコとの出会いのあと、東京へ出て浅草は花屋敷で喜劇に出ていた頃、砂川捨丸のすすめもあって、万歳に転じた。

横山太郎という藝名をエンタツと変えたについては、一メートル六七という当時としては長身の身体が、煙突とよばれ、

「煙突は、大阪ではエンタツですよってナ。それでエンタツですワ」

といったいきさつがある。

〈とはいうが、やはり、万歳の鼻祖《びそ》玉子家《たまごや》円辰《えんたつ》を、意識していたことは否めまい〉

と、これも長谷川幸延が書いている。

関東大震災に横浜で遭遇したエンタツは、それこそ煙突の下敷になって大怪我を負い、一度大阪に戻るがふたたび上京、昭和四年には総勢九人の一座を組んで、ハワイからアメリカ本土に巡業して歩いた。この巡業は、興行的には失敗に終ったらしい。

　エンタツ・アチャコのコンビ結成は、昭和六年一月とされているが、その一年前の昭和五年から、玉造の三光館、松島や福島の花月などで試験的な舞台をふんでいたらしい。大事をとっての足ならしといったところである。

　花菱アチャコは、客席から蜜柑のとんできた堀越一蝶一座が解散のあと、菅原家千代丸の一座にころがりこみ、ここで万歳を覚える。独立して、浮世《うきよ》亭夢丸《ていゆめまる》と組んで夢丸・アチャコ。大八会という組織に加入して、千日前の楽天地、新世界の気晴亭などに出ていたのだが、このあたりのいきさつを、アチャコ自身の著作『遊芸稼人　アチャコ泣き笑い半生記』(アート出版)からひくと、

〈さて、この大八会も、太夫元の平野三栄の死でついに解散。私と浮世亭夢丸とのコンビも解消した。大八会の在籍は、四年であった。そして、神戸の大和座時代からの知り合いであり、大八会でもいっしょだった千歳家今男氏とコンビを組み、吉本に入社した。大正十五年十月である〉

ということになる。

　ところが、花月亭九里丸編『大阪を土台とした寄席楽屋事典』の「大八会」の項目には、

〈大正二年に大阪天満に住んで易学者として相当羽振りを利かしてゐた宮崎八十八が、落語反対派の営業方針が時流に適し好調なるに着眼して、千日前や新世界で数軒の活動写真館を直営せる活弁出の大山（この人、ステージに出ると、その風貌が日露大戦争の満洲軍総司令官大山大将にソックリだつたのでファンがつけたニックネーム）を勧誘して共同出資で創立した色物本位のグループで、大山の大、八十八の八とを合せて大八会と呼んでゐた。値安興行でベタ笑ひを標榜にして大盛況であつたのが、支配人格であつた講釈師上りの平野三栄（七代目桂文治の女婿）が巧みに乗取策を弄して己が掌中に収めたが、野望抱いて千日前播重席に進出したが、寄席王国吉本の見事な反撃で蟷螂《とうろう》の斧の諺《ことわざ》その儘《まま》で、それこそ光秀の三日天下で昭和五年崩潰した〉

とあって、大八会壊滅の時期が、アチャコのいうこととといささかちがうのである。

もうひとつ、前田勇編『上方演芸辞典』の「大八会」の項も見たのだが、こちらのほうは、ただ、

〈芸人に老巧者少く、吉本の反撃に遭って崩壊した〉

とあるだけで、具体的にいつのことであったのか、はっきりしない。

花月亭九里丸の記憶ちがいとかたづけてしまえば、ことは簡単なのだが、「大八

会」の崩壊に吉本のちからを無視できない事実を考えると、アチャコの記述のほうに裏があるのかもしれない。

いずれにしても、花菱アチャコは大正十五年（一九二六）には、千歳家今男といっしょに吉本入りしているわけで、この吉本入りはアチャコのいうように、「この大八会も、太夫元の平野三栄の死でついに解散」したからではなく、案外吉本側の強引な引き抜きによるものかもしれない。つまり花菱アチャコが、浮世亭夢丸とのコンビを解消して、千歳家今男といっしょに吉本入りした時点で、大八会は相当の打撃をこうむりこそすれ、未だ崩壊はしていなかったと考えるほうが自然のように思われる。アチャコの『遊芸稼人　アチャコ泣き笑い半生記』の刊行は昭和四十五年で、没する四年前だが、功なり名とげた身が、そのきっかけとなった若き日の吉本入りを、大八会の解散のためとしていることになんとなく意味がありそうだ。アチャコとしては、この若き日の行動に、かなりうしろめたいものがあったのではあるまいか。それだけの思いをしての吉本入りが、花菱アチャコという藝人の一生を決定したわけで、このアチャコ・今男組の万歳が、人気投票で一位になったはなしは前に記した。

一方、昭和四年のアメリカ巡業に失敗した横山エンタツだが、傷心《しょうしん》の帰国を待ちうけていたのも吉本であった。波にのる吉本としては、アメリカ帰りのエンタツの新知識がほしかった。これまでの藝人には見出せないインテリジェンスに期待したわけだが、エンタツのほうはなかなか慎重だったらしい。「舞台にすっかり自信をなくした」と首を縦に振ろうとしないのだ。もっとも、これにはしたたかなエンタツなりの計算があったのである。頭のいいエンタツは、失敗に終ったアメリカ巡業で、これからの演藝についていろいろと考えてきたので、それなりに期するところもあった。ただ、思いきって新しいことをするためにも、なまはんかなことで腰をあげる気持はなかったのである。

横山エンタツが吉本に対して出した条件というのが、花菱アチャコとコンビを組むことであった。そればかりではない。アチャコとのコンビで始める万歳は、従来の万歳とはまるでちがう新しい藝であるべきこと。そして、その方法、方針、演出の一切はエンタツに一任することであった。この条件を吉本がのんだのである。それだけエンタツに期待するところ大だったのであろう。エンタツ・アチャコの新コンビ結成で、それまでアチャコと組んでいた千歳家今男はやむなく千日前の愛進館に出ていた荒川芳丸一座に加入した。

新しく結成されたエンタツ・アチャコのコンビで、横山エンタツが花菱アチャコに要求したことの最初は、羽織袴の高座着と扇子を捨てて、洋服姿で舞台に立つことであった。すでに今男と組んだ和服姿の万歳で相当の実績をあげていたアチャコとしては、それまでに着たこともない洋服で舞台をふむことに多少の気おくれもあったのだが、エンタツの意向に従うことにした。これからの演藝は、客といちばんちかい立場で演じなければならないというのがエンタツの主張で、街の風景がほとんど洋服姿になりつつある時代には、藝人もそれと同じ服装で舞台に立つべきだというのである。それればかりではない。エンタツは、アチャコが得意にしていた仁輪加調の問答や数え唄を封じて、高座の会話には、もっぱら「君」「僕」を用いることを要求した。それが新しい時代の風俗だったからである。エンタツの考えたのは、街を歩いているのと同じ服装の人間が、街のなかのひとびとと同じような内容のはなしをする、要するに日常的な生活感に頼った「しゃべくり」だけの藝なのであった。もちろん、相手のアチャコに不安がなかったわけがない。どうしても、大正十一年（一九二二）に、明石の三白亭で客席から蜜柑をぶつけられたことを思いだしてしまう。

「これがほんまの未完成や……」

と洒落てすませたあの藝を、エンタツはなんとか完成させようとしているのだろうか。

そのエンタツは、黒縁の伊達眼鏡をかけ、鼻下に髭をたくわえた。むろん、眼鏡はハロルド・ロイド、髭はチャーリー・チャップリンを気取ったもので、ふたりともエンタツの尊敬おく能わざる喜劇人であった。

これまでに、誰も手がけたことのない藝にいどむのだから、エンタツとアチャコの苦労は、なみたいていのものではなかった。どこにも手本がないのである。「すべて、ふたりの合作である」と、後年のアチャコは語っていたし、エンタツもあえてそれを否定はしなかったが、秋田實という作者が介在するようになるまでの実質的作者が横山エンタツであったことは想像に難くない。

毎日の舞台が、そのまま勉強だった。新聞をすみからすみまで読んで、電車のなかや銭湯ではひとびとのはなしに耳かたむけた。こうして得た材料で、だいたいのアウトラインを固めると、あとは舞台で出たとこ勝負であった。すべてがアドリブで、たがいに話術を競いあうのだから、自然に会話が生きてきた。おなじはなしをしても、初日より二日目、二日目よりも三日目と、その内容に、より洗練の度が加わってくるのだった。ふたりとも、なんとかこの新しい藝の手がかりがつかめてきたような気がした。

もちろん、こうしたエンタツ・アチャコの試みが最初から多くの客の支持を受けたわけではなかった。さすが蜜柑まではとばなかったが、

「ほんまの万歳やれッ」

という野次はさかんだった。だがふたりにとっては、いま演っているものこそが「ほんまの万歳」なのであって、もうどこへも引き下ることはできなかった。切羽詰《せっぱ》ったギリギリのところまできていたのである。高座では笑いあっていても、実際は血の出るような真剣勝負の毎日だった。ただ、いつの日かきっと自分たちの新しい藝の受けいれられるときがくるという手ごたえのようなものがあったことが、ふたりを勇気づけた。

その日は意外とはやく来た。

これまでの万歳を支えていた年配の客層にかわって、若い観客のあいだにエンタツ・アチャコの万歳の面白さが、急速に浸透していったのである。一度聞けば、彼らの万歳が、これまでのそれとはがらっと変ったものであることがすぐにわかる。新し

い時代をになうサラリーマン・学生といった階層が、このエンタツ・アチャコの新しい万歳にとびついたのである。コンビ結成いらい、わずか半年にして吉本の檜舞台である南地花月に出演するようになった。「インテリ万歳」。これが、新しい客層が彼らに与えた称号だった。

吉本せいは、やっと自分の考えていた新しい演藝と出会えた気持だった。それを支持する客層が、これまでの落語や万歳に集まったひとたちからすっかり若返ったこと、その若返った客層のほとんどが背広にネクタイという新しい時代のにない手であることも、せいには心強かった。

世のなかが移り変るに従って、寄席演藝も当然新しくなっていかなくてはならないはずなのに、旧態依然の藝が横行していた現状に漠然たる不安をいだいていたせいだが、ならばどんな演藝を新しく創造すればいいのかという点になると、さて具体的には思いうかばないのであった。そこをエンタツ・アチャコが見事なまでに具体化してくれたのである。せいは満足であった。あとは時流に乗じて、このエンタツ・アチャコのコンビを、売って売って、売りまくるしかない。

エンタツ・アチャコによる、これまでの万歳のかげすら感じさせない新しい演藝が生みだせたというのも、ふたりの努力と研鑽《けんさん》のたまものであることは吉本せいもよく知っていた。とくに、その演出面に関しては、アメリカ帰りのエンタツの頭脳と感性が大きく参与していることもせいは認めていた。実際エンタツの才能がなければ、このコンビがこれだけの成功をおさめることはできなかったはずである。だいたいこのコンビは、エンタツの頭脳に、アチャコの藝がうまく組みあったことが成功の原因とされている。エンタツ自身、自分にアチャコに匹敵できる藝があるとは思っていなかった。だから、アチャコをどう使うかが自分の使命だという意識があった。その意味でエンタツは、アチャコとの新しい演藝に関して、演じ手であると同時に演出者であり、プロデューサーでもあったのである。

そんな二人を冷静に見つめていた吉本せいだが、どちらかというとアチャコのほうをより可愛がっていたのが面白い。エンタツのこれみよがしの才気に、ただひたすら従うばかりのアチャコは愚鈍にすらうつった。目から鼻に抜けるようなエンタツに対し実直な態度だけで接しているアチャコが、せいには不憫《ふびん》であった。そのくせ、もはや大きな組織と化してしまった吉本にとって、頼りになるのは、アチャコのひたむきさよりもエンタツの頭脳のほうであることも、せいはちゃんと知っていた。

吉本興行部が吉本興業合名会社に発展した昭和七年三月、吉本せいは、この新組織の社長に就任した。林正之助、林弘高とふたりの実弟が理事になり、全国に基盤をもつ興行資本として、その地位が確立されたときといっていい。この吉本興業合名会社のドル箱的存在だったエンタツ・アチャコの藝を見るにつけ、これからの興行資本にとっていちばん必要なものが、時代に即した藝を生み出し、はぐくんでいける頭脳であることが痛感されるのであった。

合名会社化した翌年、せいは文藝部と宣伝部を映画部とともに創設し、昭和六年に入社していた橋本鐵彦をその統轄者に置いた。吉本興業の頭脳の中枢にしたいつもりがせいにはあったし、橋本鐵彦《てつひこ》というのは適任の人材でもあった。東京の私大在学中から新劇運動に首をつっこんだことから、林弘高と知りあって、吉本と縁ができた。戦後、林弘高が社長時代の吉本興業専務で、のち社長もつとめた。林弘高同様に、文学青年気質のひとで、『大阪百年史』の「吉本興業の発展」の項は、彼の執筆になるともきいた。

新たに設けられた宣伝部の仕事の手はじめとして、ガリ版刷りの「吉本演藝通信」を発行し、連日新聞社宛に発送した。通信社の原稿よろしく、吉本に関するあらゆる情報を流すわけだが、傘下の専属藝人のゴシップなども記載した。当時の大阪の新聞では、「大毎」と称する大阪毎日新聞がいわゆる大新聞であったが、ほかに夕刊大阪、大阪日日新聞、大正日日、関西新報などが競ってこのゴシップを載せてくれた。自分たちの噂ばなしが新聞に載ることを喜んだ藝人たちは、自らゴシップを宣伝部に売りこみにくるようになったのだが、わざわざ仕立てたはなしであったり、他人のはなしを自分のこととして売りこんできたり、いつに変らぬ藝人気質を発揮された宣伝部としては、こうしたゴシップがダブって流れないよう注意を払わねばならなかったという。この「吉本演藝通信」にそえて写真も配布したのだが、いまでも新聞社の資料部などに残されているこの種の写真の裏面には、「どうぞこの写真を掲載して下さい　吉本宣傳部」とスタンプがおされている。

宣伝部の活動は順調だった。「吉本演藝通信」のほかに、月刊の演藝雑誌「ヨシモト」を刊行、インテリ万歳とよばれたエンタツ・アチャコを支援する客層を相手に、寄席の売店ばかりでなく書店の店頭にも置いた。

こうして演藝王国吉本の地位は、確固たるものになったが、主流となる演藝はもはや落語ではなく完全に万歳に移って、その中心はなんといってもエンタツ・アチャコだった。新しい作品が次々に生まれ『僕は兵隊』『僕の家庭』など、その時代の風俗を背景にしたもので爆発的な人気を博していた。こんなエンタツ・アチャコの人気に刺激されて、旧態依然の音頭や数え唄でつないでいたほかの万歳からも、エンタツ・アチャコ流の、「しゃべくり」に終始する万歳に転向する組があらわれた。そればかりではない。

「あんなもんにかきまわされたあとの高座では、演りにくうてしようがないワ」

と、万歳の横行をにがにがしい顔でながめていた落語家たちのなかから、都家文雄《みやこやふみお》、三遊亭川柳《せんりゅう》のように万歳に転向する者まで出てきたのである。

いままで吉本の屋台骨を支えていた感のあった落語家のなかから、万歳に転向する者が出てきたというのは、大阪の寄席演藝の中心が、落語から万歳に移行しつつある事実を、端的にしめすものであった。具体的にいうなら、いかにすぐれた技術をもってしても、落語では、もはや万歳の有している新しい客層の吸引力がなかった。それが、その時期の趨勢《すうせい》であり、万歳に敗れた落語は、そのちからを加速度つけて衰えさせて行った。前田勇が、『上方落語の歴史』でいっている、

〈落語はばったりと鳴りをひそめてしまい、物故者また相次いだ。この中にあってた

だひとり、昭和七年に五代目を嗣いだ笑福亭松鶴（もと枝鶴）のみは楽語荘（同人二十余名）なるものを作って、あるいは「上方はなしをきく会」を京都・大阪で続け（同人中最も花々しく活躍したのは盟主松鶴を始めとして三代目桂米団治・桂米之助・桂花柳・林家染三等）、あるいは雑誌『上方はなし』を発行し、最後の土壇場まではと必死の努力を続けたが、落日をさしまねくこれらの姿は、まことに悲壮であった〉という状況が、もうすぐそばまでやってきていたのである。つまり、伝統に固執することで、より高い技術を目指した落語は、徐々に、しかも確実に、吉本興業の路線から追われて行ったのである。

このことが、「大阪の落語をつぶしたのは吉本だ」という関係者の結論を招くことになるのだが、たしかに正鵠《せいこく》を射たいい方ではある。ただ、天満天神裏門の第二文藝館なる端席から出発して、大阪の演藝界を掌中におさめるまでの苦難の道のりが、すべて落語をその中心にすえてのものであったことを思えば、吉本せいとしても、好んで落語をつぶしたり、あえて落語にちからをいれなかったわけではあるまい。大阪の落語は、このあと壊滅状態になるのだが、そうなるにはなるだけの背景があったはずである。

伝統の二文字に固執しなければ、おのれの技術を高めることのできなかった大阪の落語は、その格調ゆえに新しい階層から見捨てられていかなければならなかった。これにくらべると、洋服を着て、対話が中心になって展開される新しい万歳は、見事に新しい層の求めてるものと一致した。背広という、サラリーマンとおなじ服装で舞台に立った万歳師が、そこで展開する対話の藝は、当然のことながら大阪弁で、この大阪言葉による対話には、持って生まれた滑稽感がついてまわったことも、新しく生まれ変る藝にとって格好な役割を果してくれた。その滑稽感が日常的であればあるほど、いわゆる小市民層の生活感覚と一致してくるのであった。

こうした言葉と生活感に支えられた新しい藝の前に、大阪落語の古典化した高度の技術はひとたまりもなかった。新しい生活様式を取りいれるに急なひとびとには、伝統に裏うちされた高い技術をふりかえる余裕など、とてもなかったのである。

こうした時期に、その勢力を確立した吉本興業という組織が、その新しい時代に処したとき、躊躇することなく、新しい階層の求めるものにそのちからを投入したのは、プロデュースする側としてきわめて自然のなりゆきと見ることもできるが、その結果から判断するならば、吉本せいはひとつの試練に対していたということになりそうである。

　ともかくも、この時期に、大阪の落語がつぶされたというよりも、新しい万歳によって駆逐されてしまった事実に、吉本の存在は無視できない。ただそれが巷間伝えられるように、「吉本の万歳重視政策によって落語がつぶされた」という単純なものではなくて、新しい万歳が、そこまでのちからをつけてしまったと考えたほうが自然なような気がする。

　こうなると、「万歳」という字面がいかにも古めかしいものにうつるので、なんとかこれに変るべき言葉がほしいと橋本鐵彦は考えた。もはや「万歳」は従来の「万歳」の要素のまるでない新しい演藝に生まれ変ってはいるのだが、「まんざい」という語感には捨て難い趣きがあった。いろいろと、「まんざい」という音にあてた漢字を並べてみて、結局「漫才」を選んだ。この字に定めるについて、長谷川伸が相談にあずかったというはなしもある。当時の東京で、活動写真の弁士でトーキー化にともなって転業を余儀なくされていた大辻司郎《おおつじしろう》や松井翠声《まついすいせい》の「漫談」と称するおしゃべり藝が人気を集めていたことも、橋本の頭にあった。なによりも活字におさめてみたとき、「漫才」という字面はすわりがよかったし、エンタツ・アチャコに象徴される新時代の藝をしめすにふさわしい字に思えた。今後「万歳」は「漫才」と改称する旨を記した印刷物を各方面に発送したのは、昭和七年一月のことである。ところが漫才という苦心の命名が、必ずしも大方の好評をもってむかえられたわけではないのが面白い。かんじんの漫才師のあいだにすら、「京都の御所にまであがったことのある由緒ある藝や。徳若に御万歳の伝統をどないしてくれるねン」という声があったし、新聞社の演藝記者や藝通を自称する古老などは、伝統ある「万歳」の二文字を、一興行会社が勝手に変更した上、宣伝の材料に使うなどはもってのほかと憤懣やるかたない姿勢を見せたという。しかし、もうそうした声に関係なく、漫才はひとり歩きをはじめていたし、しっかりと小市民層のなかに根をおろしていたのである。

新しい漫才のにない手の役を果したエンタツ・アチャコのコンビを組んでいた期間が、わずか三年九ヶ月にすぎなかったのは、驚嘆すべき事実なのだが、この短い三年九ヶ月のあいだに生み出された数々の作品のなかで、最高のヒット作であり代表作ということとなると、誰もが『早慶戦』をあげるのにためらわない。

昭和八年のことである。その時分さかんに東京・大阪間の藝人交流を図っていた吉本興業では、人気のエンタツ・アチャコのコンビを、東京人形町末広に出演させた。

この新しい漫才が、東京の客層にも受けいれられるかどうか、瀬踏みの意味があった。エンタツのほうは、まがりなりにも標準語をしゃべるが、アチャコの大阪弁を東京の客が受けいれてくれるかどうかも心配だった。楽屋見舞のつもりだったのだろう、柳家金語楼から十月二十二日の早慶三回戦、ネット裏の招待券が贈られたのである。エンタツの野球好きを金語楼が知っていたこともあるが、その頃の東京六大学野球の人気はすごかったし、ましてや早慶戦である、金語楼の遠来の客へのプレゼントであった。

ふたりが喜んで神宮球場にかけつけたのはいうまでもない。ところがこの試合に、とんでもないハプニングがあったのである。七対七でむかえた九回表、慶応の三塁手でのちに巨人軍や東映フライヤーズの監督をつとめた水原茂が守備につこうとしたとき、三塁側スタンドに陣取っていた早大応援団から、かじりかけのリンゴが投げこまれたのである。怒った水原が、これを投げ返したのがきっかけになって、試合終了後早大応援団が慶応側になだれこむという騒ぎになった。その収拾にひと月かかった、世にいう、「水原のリンゴ事件」だが、たまたまその場に居合わせたエンタツ・アチャコは、この早慶戦の強烈な印象を、「漫才」に仕立てることを思いたち、大阪に帰ると早速に高座にかけたのだが、これが大評判になったのである。

大阪でこれだけ浸透してみせた、「漫才」が、東京の客にも受け入れられぬはずがないと考えた吉本は、東京支社長林弘高の手をわずらわし、「特選漫才大会」というのを新橋演舞場でひらいた。昭和九年四月二十五日から三日間の、正直いうと「おっかなびっくり」の興行で、大阪から加納笑六・笑丸、三遊亭柳枝・花柳一駒、柳家雪江・林田五郎、都家文雄・静代、橘家太郎・菊春などが参加、東京の石田一松や柳家金語楼も出演した。この興行が思いのほか好成績をおさめたのである。

このいきおいに乗じてと、すぐその年の八月二十一日からこんどは十日間、おなじ新橋演舞場で第二回をひらき、前回は出演することのできなかった横山エンタツ・花菱アチャコも、『早慶戦』をひっさげて登場させたのである。この十日間、エンタツ・アチャコは神田の淡路屋という旅館に泊っていたのだが、初日の楽屋入りの前、銀座通りを歩いておどろいた。商店のウインドにふたりの写真がかざってあり、開場したばかりの日劇の屋上には、「エンタツ・アチャコ来る」のアドバルーンがあがっているのだ。無論、まだ東京ではなじみがないエンタツ・アチャコを売らんがための宣伝だが、ひとつには、「こうしてお前たちを売り出すために金を使っているんだぞ」と、それとなく当人に認識させる目的もふくんだ、いかにも吉本らしいやり方であった。

新橋演舞場の十日間で、エンタツ・アチャコの『早慶戦』は、圧倒的な好評を博した。なによりも、六大学野球の人気カード早慶戦をテーマにしていることが、地元東京の人間を喜ばせたいちばんの原因であった。だが、そのこととともに、この『早慶戦』なる漫才が、

「……しかし、僕ね、今こそこんな細いやせたからだをしてますが、これでも学校にいる時分は立派なものだったんですよ」

「学校？　学校……。君、そんなら学校行きはったん？」

「ええ、学校へ行ってましたよ」

「ほう、学校へ？」

「そんな珍しそうに言うな」

「こら失敬。しかし、上の学校は入学が難しいからね」

「入学は難しいが、退学は楽ですよ」

「当り前や、君はどこの学校や？」

「三高です」

「三高？　ははん、京都で勉強したんですか？」

「僕はね、どうも不思議と、大阪に住んでいて、いまだに京都を知らないんです」

「そんな阿呆らしいこと、三高やったら京都やないか」

「いいや西宮です」

「西宮？　そんなところに三高ってありませんよ」

「西宮第三尋常高等小学校」

「なんや、僕の言うてるのは、上の学校のことや」

「僕の学校は丘の上にあった」

といった調子の、しごく自然な日常会話のスタイルで展開していくことが、東京の客層にも新鮮なものとして受けいれられたことは忘れられない。それは、たとえ関西弁のアクセントによってはいても、自分たちが職場や、電車のなかや、会社帰りの一杯のみ屋で交す言葉と少しも変らないことに、これまでの寄席演藝からは得られなかった親しみを感じたのである。だから、アチャコが、『遊芸稼人　アチャコ泣き笑い半生記』でいうように、

「僕は去年、ちょうど東京にいて早慶戦を見て来ました」

「ほな、あの時は僕も行っとったんや」

「そうか、超満員やったなあ。僕は一塁側にすわっとったんやが君はどの辺にいました？」

「僕はピッチャー側にいました」

「なに、なに？」

「あの、二塁側でした」

「二塁側？　それやったら外野や？」

「はア、一番いいところや」

といったやりとりで、

〈そこへ引っかぶせるように、ポンポンと早いテンポで話が展開して行く。私たちの「早慶戦」は、一発で東京の観客をつかんでしまった〉

のである。

初日の評判をききつけて、六代目尾上《おのえ》菊五郎《きくごろう》や十五代目市村羽左衛門《いちむらうざえもん》がのぞきにくるなど、十日間の第二回「特選漫才大会」もまた大当りに終った。永田キング・ミスエロ子、三遊亭川柳・一輪亭花蝶《いちりんていかちょう》、東京の林家染團治《そめだんじ》・雅子《まさこ》、御園《みその》ラッキー・香島《かしま》セブンなど、吉本としてはちからをいれていた藝人も参加していたのだが、それらを吹きとばしてしまった感のあるエンタツ・アチャコの『早慶戦』であった。

東京の成功で、意気揚々と大阪に帰ってきたエンタツ・アチャコを待ちうけていたものがあった。大正十四年（一九二五）の六月一日からの仮放送につづいて、大正十五年（一九二六）十二月一日から本放送をはじめ、すっかり茶の間にはいりこんでいた大阪中央放送局（ＪＯＢＫ）の、エンタツ・アチャコの『早慶戦』を放送したいという申入れが文藝課長の奥屋熊男からあったのである。ところが、この申入れに対し吉本せいが難色をしめした。

吉本せいは、昭和という新しい時代をむかえて日に日に変っていく世のなかで、放送の果す役割には、相当の関心をいだいていた。寄席演藝が、江戸いらいの寄席という小さな空間にとじこもっていたのでは、新しい時代に即していくことができず、映画や放送といった新しい媒体と提携していかなくてはならない時期がいずれやってくるという予感はいだいていたし、そのために手をうっておく必要も認めていた。だが、放送開始いらい間もない時期に、はやくも茶の間の人気をあつめてみせたラジオに対して、ある種の惧《おそ》れもいだいていたのである。入場料を支払って藝をききにくる客に対して、電器屋の店先で無料でもってきくことのできるラジオの影響が及ぶのを恐れたのである。それに、大阪中央放送局と吉本のあいだには、ひとつの確執があった。

富士正晴『桂春団治』に、

〈「サンデー毎日」昭和五年十二月二十一日号に山下生という人が、「高座を素でゆく春団治の放送騒ぎ」という題でこの事件を論評している。この山下生という人の正体はわからないが、ひどくそこらの内情にくわしい人らしく思われる〉

としながら、その「サンデー毎日」のかなり長い記事が全文引用されている。関係のある冒頭の部分だけ孫引きさせてもらう。

〈大阪落語界における大立者であるところの桂春団治が、彼が専属しているところの吉本興行部の規定を無視して、去る七日のＢＫにおいて、無断で落語『祝い酒』の放送を行ったことは、その上、しかも、吉本興行部とＢＫとの間に、吉本専属の芸人の無断放送はやらせないという内規があるにもかかわらず、ＢＫが吉本に無断で且《か》つ放送番組にも明記せずして、突如春団治を拉《らっ》し放送室に錠を下してまで放送させたということと結びついて、ここに吉本興行部は、対春団治および対ＢＫという二つの問題を起こさねばならなくなった。

一方、春団治は、吉本興行部に対して約八千円近くの債務を負っている。しかも、最初から興行部とのいろいろの契約において、他の落語家たちとは異った大分複雑な契約をかわしているということである。

興行部は、今度の無断放送について、先ず春団治の反省を促したが、テンで相手にもせず「落ちている金は拾います」という態度だったので、遂に九日の夕方、春団治方に強制執行を行い、続いてBKに対しても、一時は、清瀬一郎氏を相談役として法律沙汰にまでしようかという形勢に立ち至ったのだそうである〉

富士正晴は、この「ひどくそこらの内情にくわしい」山下生なる人物を、「本当は渡辺均が書いたもののように思われる」としているのだが、その内情のくわしさによれば、春團治はBKとのあいだに、月二回の放送で、一回千数百円の出演料の半年分前借の密約を結んでいたらしい。そして、この月二回の出演料は吉本興行部から出ている月給にほぼ相当したそうだ。

その後の、BK、吉本、春團治の三者の対立関係については、富士正晴がこれ以上は望めないくらいの明快な分析をしているので、それを借りると、

〈大正十四年五月二十日に開局したＪＯＢＫは、はじめのうち、吉本興行部にとって何の恐れもいだかせなかったが、昭和も五年となってくると、ラジオの普及ははなはだしく、丁度、映画界がテレビに対して抱いたような恐怖を持つようになって来ていた。それで、落語家のラジオ出演を吉本興行部を通じての許可制にして制限した。その制限に対してＪＯＢＫの方が面白くない感情を持つのも当然であった。その上、吉本興行部を通じて落語家をＢＫに出演させると、そのギャラを吉本興行部が受けとり、その何割かを落語家の前借の返済金として差し引き、残りを落語家に渡すというふうなやり方で、ＢＫ側の若いディレクターなどの目には不快に映ったことであろう。結局、吉本興行部のこの仲介が、何はともあれ、芸人側にとっても、ＪＯＢＫ側にとっても、感覚的にも実質的にも、はなはだ不都合に見えたのであろう。芸人側にとっては圧制に見えたし、また、出番表の横に「無断休席は容赦なく下記の如く給料より差し引くことを厳守いたします」といったきつく感じられる注意書きをそえるようであれば、ラジオ無断出演を禁止する文書の文体も高圧的峻厳な文体であって、芸人に恐怖と共に反感の念も与えたと思われる。そこでＢＫ側の反感と芸人側の反感との握手がこの春団治の無断出演であったと見てよく、そのやり口には幾分感情的なからかいの気分が見られる。BK側も春団治側も、いっちょうやって吉本興行部の胆玉をでんぐらかえしてやるかと思ってやったことであろう〉とある。結果は、これも富士正晴によれば、

〈ところが、野球の実況放送のような落語の実況放送をやらなくても、ラジオで春団治を聞いた連中が、すぐさま吉本興行部の寄席へ春団治を見に聞きにおしかけて来たのだった。もはや、「今後の例ともなるので、容易にすまされぬ覚悟」もその現実の前に、放送に対する考え方、春団治に対する考え方をかえて、春団治を首にするどころか、逃げ出さぬように金でしばる算段をしなくてはならぬ形勢となった〉

こんな事件の記憶もまだ新しいところに、こんどはエンタツ・アチャコの『早慶戦』を放送したいとの申入れを受けたのだ。すんなりと許諾を与える気持にはなれなかった。確かに、ラジオ出演によって、それをきいた客をも吉本の小屋に集めることになり、結果として吉本興業に益するであろうことは桂春團治の例でわかっていた。ただ春團治事件いらい、吉本せいの大阪放送局に対する感情には面白からざるものがあったし、ここでBKに『早慶戦』の放送を許せば、このまま放送局サイドの意向に、吉本の傘下にある藝人が左右される惧れがあった。それに、吉本興業としては、これ

以上にエンタツ・アチャコの『早慶戦』を宣伝する必要を認めなかったのである。ところがBKの文藝課長奥屋熊男は執拗だった。神戸の新聞社から引き抜かれてBK入りした奥屋熊男は、カミソリ奥屋といわれ、東京の文藝課長久保田万太郎と比されたキレ者であった。この奥屋が、なんとしても、エンタツ・アチャコの『早慶戦』を全国に中継したいのだという。吉本せいも重い腰をあげざるをえなかった。全国に中継されるというのは、やはり魅力だったのである。いくら『早慶戦』が人気を博して、エンタツ・アチャコの名が知られるようになったといっても、それは京阪神と東京に限られていた。それに、どんな強がりをいっても、ラジオの影響は無視できないところまできていた。今後発展していく一方のラジオとは、いずれどこかで提携していかなくてはならない。それならばできる限りいい条件で、つまり吉本側がイニシアティヴを取れる立場にあるときに手をにぎったほうがいい。その点に関していえば、エンタツ・アチャコの『早慶戦』は格好の目玉商品であった。

「あんたの熱意には、負けたワ。放送やりましょ」

奥屋熊男に、こう返事を与えながら、せいは相手のペースにまきこまれたかに見せておいて、結局は自分の思いどおりことを運べたのが、しごく満足であった。

昭和九年九月九日、法善寺、南地花月の前に、「JOBK寄席中継・横山エンタツ・花菱アチャコ『早慶戦』・入場料・特等一円」の看板が立てられた。無論客席は立錐《りつすい》の余地もない。BKとしても、開局いらい初めての「寄席中継」であった。当初、日曜祭日に限って、「放送室」と称していたスタジオから流していた演藝番組だったが、エンタツ・アチャコの『早慶戦』を電波にのせるに際して、吉本側の意向をくんで、南地花月からの実況中継をすることにふみ切ったのである。これ以上はいりきれないくらいにふくれあがった客席をのぞいて、せいはほおがゆるんでくるのをおさえることができなかった。「明日からまた、この放送をきいた客が、花月に押し寄せるにちがいない……」。事実そのとおりになった。

このときの寄席中継だが、エンタツ・アチャコの『早慶戦』だけが電波に乗ったわけではなかった。落語家もふたり。ひとりはその翌年五代目の松鶴を襲名する笑福亭枝鶴。もうひとりは、名人とうたわれた二代目の桂三木助。ふたりとも、エンタツ・アチャコの『早慶戦』の露払いの役目で、いってみれば刺身のつまであった。かつては寄席演藝の主流を誇っていた落語も、こんな扱いを受けるまでに落ちこんでいたのである。それでも、枝鶴は満面に笑みを浮かべて、楽屋でもしごく機嫌がよかったが、三木助ときたら仏頂面して口をへの字にまげたまま、エンタツやアチャコの挨拶に返事もしなかった。

かくしてエンタツ・アチャコの『早慶戦』は全国を風靡するところとなり、電波ばかりか、レコードや活字によっても津々浦々に伝達されていった。いまその全篇が、『遊芸稼人　アチャコ泣き笑い半生記』や、小島貞二『漫才世相史』（毎日新聞社）に再録されていて、それを読むと高座の実際が髣髴《ほうふつ》とされてくる。その日常性に根ざした笑いが当時のサラリーマンたちにどれほどの刺激を与えたか充分に理解されるのだ。

南地花月（昭和五年）

『早慶戦』の台本は、最初「週刊朝日」に載った。もともとエンタツとアチャコの打ちあわせからできあがった漫才で、きちんとした台本などあるわけないのだが、その面白さに目をつけた文藝部の橋本鐵彦が自ら原稿にまとめて、「週刊朝日」に持ちこんだのである。はじめ難色をしめしていた「週刊朝日」の編集方針が変って、読物のページを増設することになったタイミングにも恵まれて掲載されたのだが、これがまた好評を博したのである。

この機会を逃がしてはならないと考えた橋本鐵彦は、新しい漫才のための作品を獲得する意味あいも含めて、文藝部のよりいっそうの充実をはかったのである。この呼びかけに応じて集まったのが、秋田實《みのる》、穐村《あきむら》正治、前田米一、長沖一《ながおきまこと》、樋口敏夫、小野十三郎、吉田留三郎、保田春雄らで、そろって昭和十年に入社している。みんな大学出の文学青年であった。軍需産業の発展もあって、ひと頃の「大学は出たけれど」の不景気風はおさまってきていたが、そうした大学出のインテリが漫才の台本を書くことに意味があると考えたのである。穐村正治は、のちガス自殺をして果てたが、詩人として名をなした小野十三郎、放送作家から女子大の先生に転じた長沖一、晩年は演藝評論家として上方藝能の生字引といわれた吉田留三郎などの名を見るにつけ、よくも多士済々多彩な顔ぶれが集まったものと感心する。

なかでも秋田實の存在が、のちの漫才に大きな影響を与えることになる。秋田實は、本名を林廣次《ひろつぐ》といって、東大文学部支那哲学科に学び、在学中労働運動に従事したりしたが挫折して故郷の大阪に戻り、新聞や雑誌に雑文を書いているところを、吉本から誘いを受けたのだった。

その著『私は漫才作者』（文藝春秋）で、

〈「漫才作者」というのは私が自分で名乗りをあげたわけでは勿論ないし、私以前にはそんな名称も職業もなかった〉

といっているように、それまで作者らしい作者の存在を許していなかった漫才という藝に、初めて知性を持ちこむ作業をしてみせたのが功績である。日常会話に託して生活感をかもし出すといった、エンタツ・アチャコの方法を踏襲した秋田實の漫才は、結婚、出産、入学、転宅、就職などをテーマにし、「ベースボール」「新婚家庭」「洋食カツレツ」「映画俳優」などという、時代の風俗を的確に投影した言葉を何気なく使用することで、ひとつのパターンをつくりあげてみせたのである。なにかと伝統の呪縛から逃がれられない面を持つ多くの寄席演藝のなかで、漫才だけは、こんにちでも絶えず新しさを要求されているのだが、それも思えば秋田實がそうした藝に変革してみせたのである。

その時分の吉本興業本社は、南区清水町の大丸の横にあったのだが、文藝部の部屋は二階だった。まだ若かった秋田實を中心に、大勢の文学青年たちが顔つきあわせて、これもまだ若かった、雁玉・十郎、文雄、夢丸、米子、花子たちのになうべき明日の漫才のために、熱っぽい議論をたたかわせているさまは、さながら梁山泊《りょうざんぱく》であった。

こんな文藝部員たちを、

「みんな、珈琲《コーヒー》ばかり飲みに行って、ちっとも仕事せえへん」

と、吉本せいは苦情をいったが、この苦情は口先だけのものであった。いまや吉本の屋台骨を支えるまでに成長した漫才のこれからを考えるとき、文藝部に参集した面々の頭脳は、大切な財産であることを、せいは充分に知っていた。知っていながら、働くことは額に汗することで、その汗に対しては惜し気もなく金を払うというおのが信条を、浸透させる努力は怠らなかったのである。

こうした吉本せいの金銭感覚には、まったく相反する二つの受け取り方があったようだ。単純にいってしまえば、すこぶる金離れがいいという見方と、そうでなくてなみはずれた吝嗇《りんしょく》であったとする見方である。双方ともに当っているように思われる。

なにも吉本せいに限らず、「必要なものには惜し気もなく金を投ずるが、無駄なものには一銭たりとも払わない」というのは、大阪商法を貫く思想のようなものだが、それが徹底していたことは否めない。いつも黒の羽織を身につけていたといわれるせいは、帯のあいだに分厚い十円札の新券の束をおさめていて、気にいった藝人には気前よく振舞った。ただ、それは自分の気にいった藝人に限るので、気にいらない藝人には見向きもしないのである。女道楽という、女の藝人が何人か並んで三味線ひいたり、唄ったり、滑稽なやりとりをする藝があったのだが、その女の子のなかでもせいに気にいられている娘などは、大晦日に徹夜して巾着《きんちゃく》をつくると、直接年始の挨拶に出むくのだそうだ。こんなときのせいは上機嫌で、それぞれの巾着にあらかじめ用意してある「お年玉」をいれてくれるという。こんなぐあいに、自分の好き嫌いを露骨にしめしたせいだが、気にいらない藝人であっても、それが吉本にとって大切なばあいには、ちゃんとそれなりの扱いをするのだった。もっともその扱いは、もっぱら正之助の役目になるのだった。

藝人を金でしばるやり方は、吉本のもっとも得意とするところだった。価値のある藝人には、いくらでも金を貸しつけるのである。藝人にしてみれば、前借できることは「売れてる」ということでもあるので、自分の優越感も満たすことができるのだ。

前借をくりかえしているうちに、いつの間にか吉本にがんじがらめにしばりつけられてしまうのである。柳家三亀松《みきまつ》など、こうした吉本の策にまんまとはまってしまった気味がある。ひと一倍金づかいが荒くて、そのことに生甲斐を感じていた三亀松は、舞台がはねると小屋の事務所に顔を出し、

「おいッ、きょうの売上げ」

と手を出すのだ。支配人が金庫から取り出してくる札束を数えもしないでふところにいれると、一族郎党ひきつれて紅灯《こうとう》の巷《ちまた》に消えていくのである。ふつうだったら、経理も通さず直接藝人の手に金が渡るなど許されるはずはないのだが、せいはそれを黙って見ていた。こうした傍若無人な態度が許されることで、三亀松の優越意識は満足するので、それが三亀松を気持よく仕事させる結果となり、さらにはますます吉本にしばりつけられるのだった。

三亀松と逆の立場に立たされた藝人もいる。奇術のアダチ龍光《りゆうこう》である。アダチ龍光は月給百円で吉本の専属になっていた。百円の月給というのは悪い額ではなかったが、これも金づかいの荒かったアダチ龍光は、自然前借に頼るようになる。ところが三亀松とちがって龍光には月給の範囲内でしか前借をさせない。そこへ別の興行師からは

なしがあって、「月に二百円出すから旅に出ないか」と誘われた。金のほしかったアダチ龍光は、吉本との契約を残したまま、ここでドロンをきめこむのである。悪いことはできないもので、岐阜で吉本の社員につかまってしまった。吉本では、「月給二百円にするから戻ってこい」という。はじめから二百円くれるなら、なにもドロンすることもなかったわけで、その足で大阪に帰り、ふたたび吉本の舞台に立った。ところが月給日になっても、二百円はおろか以前くれていた百円もくれない。たまりかねてせいのところにかけあいに行くと、せいは満面に笑みをうかべていったそうだ。

「あのなァ、あんた探し出すのに、ちょうど二百円かかっとるんやでェ」

　京阪神、つまり大阪を中心にして、京都や神戸にも寄席を持っていた吉本は、その京都や神戸に出演する大阪在住の藝人には交通費を支給しなければならない。この金額も、まとまるとばかにならない。そこで阪急電車と阪神電鉄の定期券を大量に買い込んで、それを出演する藝人に貸し与えたのである。男女どちらにも通用しそうな、たとえば薫だの、忍だのという名義にして、年齢はすべて三十歳。このやり方は、戦後まで踏襲していたというのだが、その時分の定期券といったらサラリーマンや学生のステータスのような意味あいもあって、今のように誰もが簡単に買えなかったのである。その定期券を藝人に貸し与えて、彼らの優越感をくすぐってみせたのだ。

これは戦後のはなしだが、奇人だった漫才の松葉《まつば》家奴《ややつこ》が、この定期券で梅田の改札口を通ろうとしてつかまってしまった。年齢がちがいすぎるというのである。それはそうだろう、明治生まれが三十歳の定期を使っているのだ。このとき奴が駅員にきった啖呵《たんか》も立派だった。

「藝人に年齢《とし》はおまへん」

この松葉家奴が戦前、急病で病院にかつぎこまれたことがある。大切な藝人だからと、吉本せいは奴を一等の病室にいれた。ところが容態のほうが思わしくなく、あと数日もつかどうかだという。せいの命令で、病室は三等の大部屋に移しかえられた。とたんに病状が持ちなおしたのである。せいがあわてていった。

「病室、また一等にしてや」

大切な藝人が入院さわぎを起こしたときのせいの気のつかいようは大変なものだったという。自身子供の頃病弱で、病気のつらさを知っていたこともあるが、つききりで看病したうえ、一晩中身体をさすってやったこともある。こういうときには、藝人に対する好き嫌いの別がなかった。手厚く扱われた藝人は、「元気になったら、吉本のために一生懸命働こう」という気にいやでもなってしまう。

藝人の家族などに不幸があると、会社をあげて葬儀を手伝った。こうしたことで、藝人のあいだに吉本に対する忠誠心を植えつけたのである。藝人にしてみれば、ただ金の面だけでつながっていると思っていた会社が、実際の家族も及ばない面倒を見てくれたことに感じいってしまうわけで、せいはこんなこころづかいが、なまはんかな金よりもはるかに大きな効果を発揮することをよく知っていた。

もっとも、せいがこうした配慮をするのは、なんらかの意味で役に立つ藝人に限られていた。そうでない藝人たちに対しては、ひと一倍厳しい態度でのぞんだようである。「寄らば大樹のかげ」ということもあって、吉本の傘下にあることの役得だけを受けながら、さして働かない藝人は容赦なく首を斬った。

昭和四十七年にさびしく八十二年の生涯をとげた落語家に桂南天《なんてん》がいた。落語以外にも、いろいろな珍藝を手がけ、晩年は大阪の落語家たちのよき相談相手になっていた。この桂南天が、昭和二年に吉本を首になったのである。首になってもしかたない程度のはたらきしかしていなかったのだが、首になったについての挨拶状を葉書で各方面にくばった。それればかりではない。この挨拶状を大量に複写して封筒に入れ、自

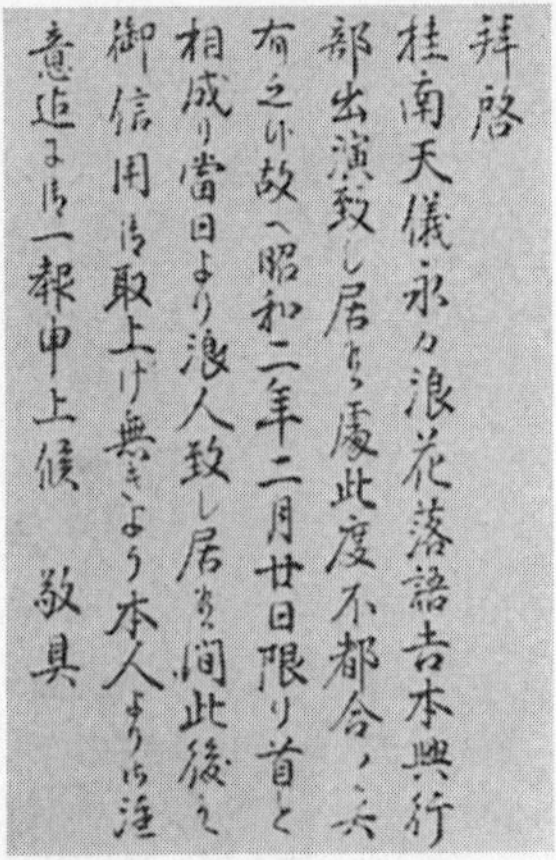
拝啓
桂南天儀永々浪花落語吉本興行
部出演致し居候處此度不都合ノ点
有之候故へ昭和二年二月廿日限り首と
相成り當日より浪人致し居候間此後ハ
御信用御取上げ無きよう本人より御注
意迄ニ御一報申上候　敬具

桂南天の「落首記念」

らの手で「落首記念　桂南天」と表書して名刺がわりにくばっていた。吉本にたいするうらみつらみというよりも、吉本のちからを認めたうえで、そこにはまりこむことのできなかった自嘲の弁のように受けとれるのが、粋で皮肉な目を持ちつづけたこの藝人らしい。以下、その挨拶状の全文である。

〈拝啓
桂南天儀永々浪花落語吉本興行部出演致し居候處此度不都合ノ点有之候故へ昭和二年二月廿日限り首と相成り當日より浪人致し居候間此後は御信用御取上げ無きよう本人より御注意迄に御一報申上候
敬具
年　月　日
桂南天　拝〉

ここで天下の人気者エンタツ・アチャコの三年九ヶ月後のコンビ別れについてふれたい。

きっかけは、花菱アチャコの中耳炎《ちゅうじえん》であった。昭和九年の八月に十日間、東京の新橋演舞場の「特選漫才大会」に出演して、うけにうけたわけだが、その三日目あたりに、アチャコが中耳炎に冒されたのである。はじめのうちは耳鳴りがする程度だったのが、二日たち三日たちするうちに、痛みが激しくなり、熱も出てきた。かといって、エンタツ・アチャコの『早慶戦』で売れている興行であるから、舞台を休むわけには行かない。無理をして舞台をつづけた。舞台をつづけながら、アチャコには気になることがあった。

それは新国劇の創設者沢田正二郎が、昭和四年、三十八歳の若さで急死した原因が、中耳炎の悪化だったからである。しかも沢田の中耳炎は、おなじ新橋演舞場で『沓掛時次郎』の上演中にかかったものだった。さらに、アチャコの年齢がちょうど沢田の死んだ三十八歳になっていた。これは気にするなというほうが無理なはなしだ。

とにもかくにも十日間の新橋演舞場をすませ、大阪に帰り、南地花月からのＢＫによる寄席中継を終えると、かつぎこまれるように大阪日本赤十字病院に入院したのはいうまでもない。入院にかかわる雑事の一切を、吉本せい自らがしてくれた。せいは、中耳炎に冒されながらも、定められたスケジュールをすべてこなしてくれたアチャコが不憫でならなかったのである。入院先に赤十字病院を選んだのは、たまたまその年日本赤十字会に多額の寄附をして顕彰されていたからである。

昨今のように抗生物質があるわけでなく、しかも相当手遅れになっていたとあって、手術は無事に終ったものの、退院までひと月はかかるという。せいとしては、大切な藝人であるアチャコが、ひと月といわず半年でも一年でも療養することに異存はなかったのだが、その間、健康なエンタツのほうを遊ばせておくわけにはいかなかった。エンタツだって、その人気が頂点に達していたところで、アチャコの病気につきあってひと月も仕事を休むのは本意でなかった。

こういう事態になると、せいの決断は早かった。アチャコがまだ入院しているうちに、エンタツに杉浦エノスケとの新コンビを組ませてしまったのである。とりあえずアチャコの退院するまでのつなぎという頭が、はじめのうちはあったかも知れない。だが、いままでエンタツ・アチャコで売ったこのコンビを、二つに分けて、エンタツ・エノスケ、退院後のアチャコにはエンタツ以前の相方だった千歳家今男を復縁させてアチャコ・今男とすれば、これまでの二倍のあがりになる勘定である。しかも、昨日のコンビが今日のライバルとなれば、たがいに藝を競いあい好結果を生むこと必定ではないか。じつにしたたかなる、せいの計算であった。

この処置は、花菱アチャコにかなりのショックを与えたようである。例の『遊芸稼人　アチャコ泣き笑い半生記』に、

〈正直な話、その時、私はぼうぜんとすると同時に、目の前が真っ暗になる思いだった。その夜、一晩眠らずに考えた。あんなに苦労を共にして、気心も知り尽くした二人である。イキも合い、二人とも他に別の相方など考えられないと思っていた。それが、ひと月やそこらの入院で、こうも簡単にご破算になってしまうものか。人と人とのつながりは、一見、切っても切れない堅いものであっても、一朝事ある時には、なんともろい、はかないものであることだろう。結局、人は最後には一人きりで死んで行くように、どんな堅いきずなに結ばれていようと、シンは孤独なのかも知れない。ましてや、人気という予測もつかない無気味な力に左右されている浮草稼業である。そこにおいて、普通でも不可能に近いものを望む私が、そもそも間違っていたのだ。

エンタツ氏は彼なりに、その場では一番いいと思うことをやったまでだろう。その結果が、私と別れることであっても、それは仕方ないことである。私としては、それを受け入れて、私なりの身の処しかたを考えるしかない〉

と書いて、この処置がエンタツの一方的な考えによるものと受けとめている。アチャコは、こうしたケースに際してとったエンタツの行動だけに思いがいっているようだが、そのじつ、これまでのコンビで、エンタツから得てきたものを失うことの困惑をも語っているので、このコンビでエンタツの占めていた位置の大きさを期せずして教えてくれるのだ。そして、吉本せいは、この処置に関して、アチャコがこうした受けとりかたをしてくれ、ことが自分の思惑どおりにはこんだ結果に、あらためて満足するのだった。

計算どおりはこんだエンタツ・アチャコのコンビ別れだったが、世間には共演の続行を望む声が強かった。じつはこのあたりもせいとしては計算ずみであった。世間の声にこたえる名目で、エンタツ・アチャコを映画で共演させたのだ。東宝の前身であるＰＣＬが、昭和十一年に封切った『あきれた連中』である。原作秋田實、監督岡田敬によるもので、エンタツ・アチャコのほかに徳川夢聲、堤真佐子らが出ていた。

じつは、この映画、ＰＣＬと吉本興業との提携作品になっている。この時分になると、娯楽産業の中心は映画に移行しており、いずれ映画とも手を結んでいかなくてはと考えていたせいは、この機会に文字どおりの提携をしてのけたのである。無論、エンタツ・アチャコの「映画に限っての共演」という武器をひっさげてのものである。ＢＫに対してラジオ出演の許可を与えたときとまったくおなじやり方でイニシアティヴをとったわけで、エンタツ・アチャコには、それだけの商品価値があったのである。『あきれた連中』は大当りして、吉本興業の提携はＰＣＬが東宝になってからもつづいた。エンタツ・アチャコのスクリーンに限った共演も数を重ねるのだが、吉本が彼らに支払った映画出演料は、最後まで一本百円のままだったという。

五　落語との訣別

昭和九年の紀元節、つまり二月十一日に、吉本せいは大阪府から表彰されている。
それより前の昭和三年には、「勅定紺綬褒章」というのを受けているのだが、

褒　状

大阪市南區笠屋町
吉本　せい

資性溫厚貞淑ニシテ堅忍不撓明治四十年、齡十九ニシテ吉本家ニ嫁シ克ク舅姑ヲ慰メタリシカ大正十三年夫ノ逝去ニ遇フヤ纖手以テ遺業ノ興隆ヲ圖リ獨身ヲ守リテ精勵怠ラス遂ニ今日ノ大ヲ爲シタルノミナラス常ニ公共慈善ノ至情ヲ盡セリ其ノ志堅正ナル洵ニ奇特ナリトス仍テ褒章條例ニ依リ木杯一組ヲ賜ヒ玆ニ之ヲ表彰

セラル

昭和九年二月十一日

大阪府知事

正四位勲三等　縣　忍

という、いま読むとなんとも大時代なこの褒状が、嬉しくないわけがなかった。
功なり名とげてからの吉本せいが、各方面に多額の寄附をしていたことは前にも記したが、日本赤十字社、愛国婦人会などの団体に対するものばかりでなく、満洲駐屯軍や、国内の養老院の慰問に傘下の藝人を送りこんだり、各地に無縁仏の碑石を建立するなど、それこそ、「常ニ公共慈善ノ至情ヲ盡」していたのが認められたのである。「必要なものには惜し気もなく金を投ずるが、無駄なものには一銭たりとも払わない」式の、いわゆる大阪商法に徹していた感のある吉本せいが、経済的に多少の余裕ができたとき、こうした方面に気前よく寄附して歩いたことに、格別の理由がないわけがない。

吉本せいの夫吉兵衛が、突然の脳溢血のため三十七年の生涯を終えた大正十三年

（一九二四）、大阪の寄席演藝界はすでに花月一色にぬりつぶされていた。つまり、吉本吉兵衛、せい夫妻、それにせいの実弟林正之助を加えたこの一族で、大阪の寄席演藝界を牛耳っていたのである。なのに、この時分、この一族が各方面に多額の寄附をして、「常ニ公共慈善ノ至情ヲ盡」した気配は、まったくといっていいほどにない。すべて、夫吉兵衛を失ってからのちのせいによる行為なのである。

大阪全域を支配できるだけの寄席が、せいの手に残されたとき、せいの頭にまずうかんだのが、「この残された寄席を、自分の代になって失うことがあってはならない」という思いであったこともすでに記した。と同時に、明治四十五年（一九一二）天満天神の裏門通りの第二文藝館いらい十二年間、夫となみ大抵でない苦労を重ねながら、世間からはこの仕事が実業とは認めてもらえない事実を身をもって知っていたせいは、虚業にも等しい印象の寄席経営に、女の身でたずさわることに対する風当りの強さが、なによりの不安であった。

いまでこそレジャー産業なんて言葉もあって、この世界には、はなやかな風が吹きまくり、それにたずさわるひとびともちょっとしたエリートの気味があるのだが、吉本せいが夫の残していった大阪中に点在する沢山の寄席をかかえて、あらたな決意を強いられていた時代は、とてもそんなものじゃなかった。だいたい日本の藝能は、差別されてきた長い歴史を持っていて、河原乞食などとよばれていた藝にたずさわるひとびとが、正式に税金を支払う市民として認められたのは明治八年（一八七五）のことである。しかも、その課税にも格付があって、「俳優（上等、中等、下等）、劇場藝人、音曲諸藝、その他（上、中、下）、藝妓、酌婦、幇間」といった順であった。

もちろん明治の新政府によって藝人の格付がなされたときから、時代は大正デモクラシーとよばれたそれに移行してはいたものの、藝にたずさわるひとたちに対する世間の評価は、まだまだ蔑視から完全に縁が切れたというところまではいっていなかった。ましてや、そうした藝人を使った寄席興行などは、いわゆる虚業の最たるものであって、生産手段と直結して富国思想に益せんとする事業と比較したとき、一段も二段も低いものと見なされたのは否めない。

そうした自分の置かれた立場を、頭のいい吉本せいは充分に認識していた。夫の吉兵衛が、大阪の寄席演藝界を牛耳ることのできるだけの寄席を残して世を去っていらい、その残された寄席を一軒たりとも失ってはならぬという必死の思いで働いてきたせいは、寄席を失うどころか、さらに手持ちを増やしていくことすら可能な実績をあげてみせたのである。こうして思いもかけなかった額の蓄財をなしたとき、生前の夫がしたように、買収につぐ買収で寄席をふやすことをしないで、「公共慈善ノ至情ヲ盡」して、各方面に多額の寄附をしてみせたせいの意図は、どの辺にあったのだろうか。

寄席演藝の世界において、「金」というものが思いもかけないちからを発揮することを、吉本せいはこれまでの体験から充分知りつくしていた。金さえ出せば、桂春團治のような売れっ子の落語家を、その傘下におさめることもできる。多額の金を投ずることによって、エンタツ・アチャコの漫才に見るような、まったく新しい演藝を生み出すことも可能だった。さらにはまた、その金が新しい金を生み出してくれることも、わが身をもって知ることができたのである。

だが、そうした蓄財をいくらなし得ても、吉本せいの手にはいらないものがあった。社会的地位というやつである。いくら京阪神の寄席を手中におさめ、花月一色にぬりつぶしてみせたところで、それは寄席演藝界というきわめてせまい業界のなかだけでの評価でしかなかった。所詮は、いうところの興行師が女の身でありながらたまたま成功したにすぎないので、世間の目は、いわゆる水商売と同列の虚業としか見てくれなかった。まして婦人の地位のまだまだ低く、参政権すら与えられていない時代である。夫の残してくれた財産を、失うことのないようにつとめたばかりか、残されたとき以上の蓄財をなし得たところで、出入りする藝人や関係者の、「ご寮ンさん」というよびかけに、いささか尊敬の念がこめられた程度の名誉しかなかった。

夫を失ったとき以上の財産を手にした吉本せいが、いちばんほしかったものは、「ほんとうの名誉」であった。それはなかんずく「社会的地位」に通じるもので、これればかりは夫の吉兵衛すら得ることのできなかったものである。あらゆるものが、金で買えることを知っていたせいは、自分のはたらきだけでは身につくことのできない、社会的地位と名誉も、金を投ずることで手にしてみせた。各方面に多額の寄附をしたのは、褒状にいう「公共慈善ノ至情ヲ盡」したのではなく、ほしかった名誉とステータスのために金を投じただけのことである。吉本せいのことを、当時の新聞や雑誌が、「女小林一三」とか、「女今太閤」などと呼んで「成功者の美談」を書きたてたものだが、いずれもその「公共慈善ノ至情ヲ盡」したことが認められ、表彰されてから後である事実を思うと、せいという女の、金の使い方の上手さに舌をまく。彼女は、傘下におさめた藝人たちばかりでなく、自分自身をもたくみにマネージメントしてみせたのである。多額の寄附はこうした吉本せいのステータスを買うためのものなのだが、それは同時に、ぬれ手で粟式の虚業にたずさわる身が支払った免罪符的な効果ももたらした。

こうして功なり名とげた吉本せいは、昭和十三年にいたって、大阪新世界の一角に建っていた「通天閣」を、二十五万円投じて手にいれる。通天閣は、当時の大阪を象徴する建造物であったが、それを手にいれたことで、大阪という都会そのものを手中にした気分がしたはずだ。新しくつけられた「通天閣のオーナー」という肩書は、大阪という土地にしがみついてきた身にとって、この上もないステータス・シンボルなのであった。

通天閣は、大正十二年（一九二三）の関東大震災で、無残にも半壊して姿を消した東京浅草の凌雲閣、通称「十二階」より二十二年ほど遅れて、明治四十五年（一九一二）に九千七百円の工費をかけて建設され、七月三日に開業式が行なわれている。パリのエッフェル塔を模した、高さ七十五メートルの、すべて鉄骨材料による建造物である。当時の日本でいちばん高い建造物とあって、その展望台からは、遠く淡路島、六甲、生駒山などがのぞめたというから、逆のいい方をすれば多くの大阪に住むひとたちは、毎日この通天閣をあおぎ見ながら暮していたことになる。

文字通り大阪を象徴する存在であった通天閣であったが、吉本せいが二十五万円で購入した昭和十三年当時は、すでにその使命を果し終え、折から訪れた戦時色とあいまって経営はかなり悪化していたといわれる。大阪名所としての高い価値を失って、ほとんど無用の長物化していた通天閣に、二十五万円を投じた吉本せいの真意は、すでに見てきたように、ステータス・シンボルを金で買うこと以外になかったのだが、この吉本せいがモデルになっている山崎豊子作の小説『花のれん』には、それなりの目算があったように書かれている。小説では、「多加」となっている吉本せいが、通天閣を手にいれたときのくだりは、こうなっている。

〈日が暮れるのを待ち構えていたように、この日六時半になると、突然、通天閣のてっ腹に途方もない大きなイルミネーションが輝やいた。しかも『ライオンはみがき』という字をまばゆいばかりに照らし出したから、新世界はもちろん、道頓堀を歩いていた人たちも、あっと驚いて足を止めた。これが多加の考え出した通天閣の新しい商いの仕方で、ライオンはみがきの広告料は年間一万八百円〉

なるほど、いかにも商才にたけた吉本せいの考え出しそうな趣向だが、これはまさに小説的脚色というもので、通天閣に有名なライオン歯磨の電飾広告が取りつけられたのは大正九年（一九二〇）七月のことだから、実際に吉本せいが買いとったときよりかなり前になる。現実に、吉本せいが買いとった通天閣は、やはり無用の長物で、大阪の演藝界を支配していた身であればこそ持ちこたえることができたといわれる。

大阪の通天閣と対照的な建造物であった凌雲閣、つまり十二階も、関東大震災で半壊してしまう頃、すでに無用の長物と化していたのが実情である。かつては東京の象徴とされていたこの十二階が、その価値を失い、いささかもてあまされていた明治四十五年（一九一二）に、株式会社十二階なるあやし気な会社を設立し、これを手にいれた岸源三郎なる男がいるのだが、この男は焼芋屋あがりの興行師で、空拳の山師と噂された人物である。

吉本せいといい、東京の岸源三郎といい、なぜ、前の持主が荷厄介《にやつかい》と感じ無用の長物と化していた建造物に対して、異常なまでの執着心を発揮してみせたのだろう。いかにそれが正当な商業的行為であろうとも、その当時の「興行」という言葉には、いかにもうさんくさいにおいがつきまとった。水ものとよばれる、投機的な要素の強い商売にたずさわって、なにがしかの蓄財をなし得た身にとって、通天閣や十二階のような「塔」は、権威の象徴とうつったにちがいない。どんな大金をつかんでも、社会的な地位と縁遠かった興行師にとって、「塔」としての権威を有する通天閣や十二階は、不動産としての価値判断が先行するふつうの建造物とは、まったくちがった性格のものだったのである。

人間には、空間的に上昇したがる欲求があって、『ジャックと豆の木』のような、「空間上昇民話は、世界の各地に散在している」と、加藤秀俊は『都市と娯楽』(鹿島研究所出版会)に書いているが、そうでなければ「塔」のような、日常生活の上に格別の機能を果さない建造物が世界中にあるわけがない。講を組んで、登山に出かける、日本に古くからあるしきたりにしても、単なる信心からだけのものでないことは容易に合点がいく。

すでに功なり名とげて、大阪の演藝界を手中にしたばかりか、その世界では例外的な社会的地位まで得ていた吉本せいが、無用の長物と化していた通天閣を買ったのは、「塔」の権威に自分の夢を託すと同時に、事業の完成のしるしとすることで、ステータスの仕あげとしたのである。

吉本せいのものとなった通天閣は、その後昭和十八年に、近所の映画館からの出火で塔脚が焼け、戦時下の政府の金属回収方針にもとづいて、解体の上献納されてしまうのだが、あたかもそれからの吉本せいがたどらされた道のりにも似た結末であった。

大阪府から表彰されて、吉本せいが得意の絶頂にあったとき、大阪の落語は凋落《ちょうらく》の一途をたどっていた。エンタツ・アチャコの成功いらい、吉本の漫才攻勢はとどまるところを知らなかった。花月の名を冠した傘下の寄席小屋のほとんどが、この新しい演藝を中心に番組をつくったから、自然落語はすみに追いやられ、落語家の仕事は減る一方である。

落語家としては別格の扱いだった桂春團治は、この時分になると長年の不養生がたたって、なにかと病気がちで、吉本としても宝の持ちぐされの感があった。春團治ばかりでなく、吉本興業と専属契約を結んでいた落語家の数は、決して少なくなかったのだが、かんじんの高座に出られない状態でははなしにならない。漫才師ばかりを優遇する吉本の姿勢に、仕事のない落語家たちから不満が噴出したのは当然である。こうした不満を、吉本せいはたくみにおさえてみせた。仕事のかわりに金を与えたのである。もちろん、出演しないで金だけ支払われるのだから、これは当然落語家の借金になる。落語家のほうだって承知しているのだが、先立つものほしさについつい借金をふやしていくのだった。

「わいら、女郎とおなじや。金でしばられて身動きも出けへん」

と、自嘲気味にぼやく落語家も少なくなかったが、吉本の手を離れてみたところで、すでに大阪中の寄席が花月一色にぬりつぶされている状態では、その日から行き場に困るのは目に見えていた。

吉本は、金で藝人をしばって大きくなったという伝聞が多いのだが、こんな噂の出どころのほとんどが、かつて吉本の禄《ろく》をはんだ落語家のあいだであって、漫才師のほうにはそうした不満はあまりなかった。

その時分の藝人の給金は一切秘密にされていて、誰がどのくらい貰っているものか、まったくわからないしかけになっていた。おかしなはなしだが、借金を重ねすぎたために自分の給金すらはっきりしなくなってしまった例はいくらもある。給金は明確でなくても、差し引かれる金額のほうははっきりしていたうえ、じつにきびしかったという。高座を休むと一回分きちんと引かれるが、これがもし無断だと三回分差し引かれるそうで、その旨楽屋に張り出されていた。ついでに記せば、この楽屋に張り出されていた注意書には、「楽屋における博奕厳禁」もうたっていたが、こちらのほうは目をつぶっていた気味がある。博奕をしている分には、高座の出番をしくじる心配がないという判断なのである。

吉本に対して不満をいだいていた多くの落語家のなかでの急先鋒が、桂小春團治《こはるだんじ》であった。小春團治は、明治四十二年(一九〇九)、数え年八歳で立花家小圓丸を名乗って高座にあがった子供のときからの藝人で、大正九年(一九二〇)、大借金を残し、浪花三友派の残党を連れて旅に出ていた桂春團治に入門している。翌大正十年(一九二一)に、春團治が前貸金二万円、月給七百円の高給で吉本にむかえられたのについて行き、桂小春團治を襲名すると同時に、内弟子として桂春團治の家に住みついた。

子供の頃から旅にあけくれた藝人暮しとあって、一応小学校へ入学したものの、教育らしい教育を受けてはいない桂小春團治だったが、当時の落語家にはめずらしいインテリで、読書家であった。大正十五年(一九二六)の『夜店行進曲』を皮切りに、新作落語のペンをとりはじめたのだが、これが当った。このとき小春團治二十五歳なのだが、「年齢的に、古典ものがぴったりこなかった」ことが、新作落語に転じたいちばんの理由であった。この『夜店行進曲』について、遺稿集ともいうべき『鹿のかげ筆』(白川書院)には、

〈ちょうどこのころ赤い灯、青い灯道頓堀の……一世をふうびした「道頓堀行進曲」の歌が全盛を極めていたので、「夜店行進曲」と題をつけ、夜店風景を描写したものです〉

と、書かれている。ところが、日比繁二郎作詞、塩尻精八作曲の「道頓堀行進曲」が発表されたのは昭和三年だから、流行歌に先立つことになる。おそらく「行進曲」ばやりの風潮に便乗した小春團治の命名であったのだろう。いずれにしても、盛り場の夜店風景を描いたこの新作の評判は悪くなく、「落語界に新風をまき起こすもの」などと、新聞の藝能欄に書かれたりした。こうした評判に対して、古典落語にたずさわる仲間たちの眼は冷ややかであったといわれるが、いつの時代でも新しいものに対する周囲の態度はそんなものだろう。

新作を手がける落語家としての桂小春團治の名を一躍高めたものに、昭和二年に発表した『禁酒運動』がある。当時は、救世軍や、キリスト教系の婦人団体などが、街頭で道ゆくひとに禁酒を訴える運動がさかんだったのだが、そんな光景を描いたもので、活字になって残されている台本は、いま読みなおしても結構面白く、社会風俗の記録としても資料的価値の高いものである。『禁酒運動』のヒットに気をよくし、自信もつけた小春團治は、こうした風俗や流行に取材した新作落語を次々に発表していった。『野球狂時代』『廃娼論』『円タクの悲哀』などなど……。

昭和三年には、とうとう南地花月で新作落語による、「桂小春團治独演会」が開かれるまでにいたった。南地花月が、吉本にとって最高の寄席であり、かつて法善寺の金沢席とよばれたこの寄席を手にいれたことで、吉本せいと夫の吉兵衛が、大阪を代表する寄席興行師となったことは、すでに記した。そうした檜舞台を、正直にいってまだ海のものとも山のものともつかない二十七歳の青年桂小春團治の血気に与えたのである。昭和三年といえば、大阪の演藝界を支配する吉本傘下の藝人のなかで、まだまだ落語家の、それも名人、上手といわれた、すぐれた伎藝《ぎげい》を誇るひとたちのちからには、あなどりがたいものがあった。そんななかで、一歩間違えれば「キワ物」として捨てられかねなかった新作落語のために、伝統藝の殿堂である南地花月を提供されたのだから、小春團治の得意や思うべしである。ただ、小春團治が南地花月に自分の独演会をもったその前年、つまり昭和二年に吉本は、大阪道頓堀の五座のひとつで格式を誇る弁天座で、「全国万歳座長大会」を開催して成功させているのだ。

吉本せいが、口ぐせのようにいっていた、「うちがここまで来られたのは、みんな落語家の師匠方のおかげ」の、その落語家の師匠方のちからに、いささかのかげりが見え出していたともいえるのだ。まだ、「漫才」という表記も生まれておらず、エンタツ・アチャコのコンビも結成されてはいなかったが、一段程度の低いものと思われていた「万歳」が、「落語」にとってかわるべく、じわりじわりと頭をもたげていたかにうつる。

妙ないい方になるが、落語家である桂小春團治の手になる新作落語の成功は、その後の漫才擡頭をある意味で予見した結果となった。事実、いきおいにのって書きつづけた『愛して頂戴』『失業者』『国勢調査』『飛行機』『タクシーの客』『爆弾三勇士』『人間の子』などの作品は、いずれも当時の小市民層の生活スケッチであって、それはその後に一世を風靡するエンタツ・アチャコを主流とする吉本傘下の漫才師たちのために新設された文藝部に机をならべた秋田實以下の作家たちが書き与えた漫才台本と、志をひとつにする点で見事な符合を見せるのだ。

桂小春團治が、新作落語に手を染めた理由は当人のいうとおり、年齢的なこともあって古典落語がぴったりとこなかったからなのだが、たしかに古典落語に描かれた世界を客に伝えるためには、ある程度の年輪を必要とすることは否定できない。そのあたりの不足を、小春團治は、新作落語を演ずるという新境地を開拓することでおぎなったわけだ。ということは、小春團治作の新作落語は、あくまでも小春團治という落語家専用の上演台本なのであった。自作自演の落語家にとって、その台本はあくまで台本としての意味しかなくて、それが口演され、初めて「新作落語」としての価値を持つのであった。

その上演台本が、当時の人気雑誌「サンデー毎日」に掲載されたのである。きっかけは、演藝作家正岡容《いるる》を通じて大阪毎日新聞学藝部次長渡辺均を紹介されたことによる。渡辺均は、落語通の記者として知られ、『落語の研究』『落語の鑑賞』といった著作もあるのだが、小春團治の新作落語には深い理解をしめし、のち桂小春團治が吉本とトラブルを起こした際など、なにかと相談相手になったようである。渡辺均のちからで、最初に「サンデー毎日」に載った小春團治の新作は、『円タクの悲哀』で、昭和四年のことなのだが、これで単なる自作自演用の上演台本にすぎなかったものに、読物としての新しい色彩がぬり加えられたことになる。小春團治の客は、その新作落語の高座をきいて楽しむひとたちだけでなく、活字化された「読物」を楽しむ読者という階層にまでひろがった。「サンデー毎日」に載った『円タクの悲哀』は、好評をもってむかえられたようで、引きつづき毎日新聞社から書けという注文のあった小春團治は、次から次へと前に記した作品を書きあげるのだが、高座にかけて自ら演ずるための新作が、「サンデー毎日」に掲載するための新作と、その趣きを変えていった。活字が高座に先行して、雑誌に発表されたあとで、その台本を高座にかけるという形態をとらざるを得ないようになった。よくしたもので、すでに活字となって掲載された新作が、高座のほうの宣伝の役割を果してくれたのである。漫才の攻勢の前に、ちからなく落語がその軍門をあけわたしてしまった頃、ひとり新作にたずさわっていた桂小春團治の姿は、文字通りの孤軍奮闘に見えた。

昭和八年の四月、『禁酒運動』上演七周年を記念して、「サンデー毎日」に新作『人間の子』を発表したのだが、桂小春團治のこころははれなかった。吉本の漫才重視政策はますます強まり、落語家のなかで唯一のスターである師匠の桂春團治は病に倒れ、吉本からの借金は重なる一方であった。なにしろ吉本興業専属の漫才師だけでざっと三百人、全大阪の漫才師を数えると千人以上というのに、落語家の数はわずか三十人という凋落ぶりで、状況はほぼ十年のあいだに、完全に逆転していたのである。

落語をますます軽く扱う、というよりも漫才にだけちからをそそいでるかに見える吉本の営業政策にたまりかねた桂小春團治は、この年の十月三日付で、ついに自ら解雇を求める内容証明付書簡を吉本興業にあてて発送したのである。無論、病床の桂春團治とも充分に相談したうえでの行動で、春團治は、「自分ももっと若ければああするだろう、まことに尤《もっと》もだ」と新聞記者に語っている。
桂小春團治の内容証明が、吉本興業に到着したとき、こうした問題の責任者の立場にあった吉本せいの実弟林正之助は、朝鮮に旅行中で、総支配人の滝野寿吉は病気保養で別府に出かけ、支配人役の青山督の一存ではかりかねると、にぎりつぶした気味がある。それでなくとも、仕事がなくて吉本からの借金でがんじがらめになって、やめたくともやめられぬ状態に追いやられているのがほとんどの落語家のなかで、ただひとり新作落語の旗手として、はなばなしい活動をつづけていた桂小春團治がこうした行動に出たことは、吉本興業の首脳者たちに「寝耳に水」とうつったことは想像に難くない。おまけに、あらかじめ吉本に対する借金を返済する準備をしておいて、「即刻お返しするから事務員をよこすように」と書きそえたことも吉本側の態度を硬化させたらしい。富士正晴『桂春団治』は、
〈青山支配人の談話によると、小春団治は落語家連でも特に優遇されているのだから

不足のいえる筋ではないこと、九月末に十月の出番順を作ったのに病気といって休まれたので差繰りに閉口したこと、内容証明など仰々しいことをせずとも、話せばわかるではないかという態度であり、春団治の談話としては、現在の連中でもやめたいものは沢山いるが、借金でしばられて身動き出来ないだけだ、小春団治は借金もない、係累も少ない、年も若いから強いものだ、収入の点からも芸をのばす上からも、彼の思惑は尤もだと思うと、全面的に肯定している〉

と、支配人青山督と、師匠桂春團治の談話をひきながら、

〈その後、吉本側は「勝手気ままな態度をとって迷惑かけたから解雇してやらぬ」とこじれ、小春団治は「月給も貰っていないのにいつまでも専属に見なされるのもけったいな話」とし、誕生日の十月二十日に「いつまでも専属にされたら迷惑です」と吉本側に手紙を出し、二十二日は、ファンに挨拶状を送って、十一月二十一日、大阪北陽演舞場で公演しようと奔走をはじめる〉

と、内容証明発送以後のいきさつを記している。

面白いのは、この桂小春團治をめぐる紛争を伝える各種の記事のなかに、最高責任者であるはずの吉本せいの名前が、まったく登場しないことである。すべて、実弟の

林正之助にまかせきっているようにうつるのだ。こうしたトラブルの渦中に、わざわざ出ていかずとも容易に解決できるところまで配下の人材が成長したことのあらわれで、事件の前年になる昭和七年、吉本興業合名会社と改められた組織は、それだけ大きな発展をとげていたと受けとることもできる。

だが、この改組で自ら社長に就任しているせいが、小春團治のまき起こしたトラブルに関してだけ、一切顔を出さないというのは、どう考えても不自然である。ここで気になるのは、このトラブルの時期が昭和八年の十月である点である。吉本せいが、翌九年の二月十一日紀元節に大阪府から褒状を受けたことは、この章の冒頭に記したのだが、ふだんから多額の寄附を通じて各種慈善団体や関係官庁、自治体のたぐいと連絡を密にとっていたせいのところに、なんらかのかたちで表彰内定の知らせぐらいはあったはずである。なににも増してほしかった名誉の手にはいる直前になって、それが一落語家の進退といった些細な問題であるにしろ、トラブルめいたことには一切まきこまれたくなかったというのが、せいの正直な心情だったのではあるまいか。

いずれにしても、吉本側の態度に業をにやした桂小春團治は、独立して、「落語桃源座」を結成するべく準備にかかった。はなしをきいて、小春團治の行動に、こころのなかで快哉《かいさい》を叫んだ落語家も少なくはなかったが、なにしろ吉本の威光は絶大だったから、表だって協力を申し出る者はいなかった。わずかに、おたがい子供の時分からの落語家で仲のよかった三遊亭小圓馬《こえんば》、のちの四代目圓馬が片棒かついでもいいと申し入れてきた。嬉しくはあったが、小圓馬の家庭のことなど考えると、これから先どんな苦労が待っているかわからないところに、親しい友人を引きこむわけにはいかなかった。小圓馬も、若い落語家が、前月給とあって明日になれば金がはいると期待している月末に、なんの予告もなしに馘首されるなんて吉本の非情なやり口をさんざ見てきているから、ここでさからってはどんなしかえしをされるかわからないという思いもあった。結局、当時廃業していた桂米之助、のちの四代目桂米團治《よねだんじ》と、浪人中の林家染之助《そめのすけ》の協力を得て、「落語桃源座」は発足する。大学卒が月給五十円位というその頃、吉本から三百五十円の月給をもらっていた小春團治にとって、この独立は若さがなせる冒険でもあった。

「小春團治独立　桃源座第一回公演」は、昭和八年十一月二十一日の午後五時から、北新地の北陽演舞場でひらかれている。かなり盛沢山のプログラムである。

〈プログラム

コロムビア・レコード演奏

旅の落語
伊勢参宮　小春團治
漫画映画
御挨拶　桃源座
寄席合囃子
落語
親子茶屋　染之助
芝居咄
本能寺　小春團治
茶の時間
新作落語
聴心器　小春團治
落語
饅頭こわい　米之助

舞踊
第一景　影　　小春團治事
山村若太津
第二景　長唄　桃太郎宝の山入
山村若太津〉

表紙に、桃太郎のカットの刷られたこのプログラムに、桂小春團治は「御挨拶に代へて」という文章を寄せて、決意のほどをのべている。

〈秋漸く老いて詩趣愈々深かか《ママ》らんとするの候諸賢には益々御健祥の御事と存じ上げます　却説過日私が永年温き庇護の下に育まれました吉本を突如として退きましたに就きましては各方面に於かせられては意外の御関心をお持ち下さいまして　或は紙上に或はお手紙に御重示を賜はりましたこと実に望外の喜びでございまして　茲に謹で御礼を申上げると同時に御高説を深く心の底に刻みまして　永久に忘却いたすまじきことをお誓ひする次第でございます

私といたしましてはこの際唯一意専心所信に向つて邁進するのが望ましいことでもあ

り又穏当な処置であると存じてをりますが　今この熱誠なる御同情に対する当然の義務として一言私の真意を述べさせて頂きたいと思ふのでございます
今日落語界凋落の原因を数へ挙げますならば、実に十指を以て尚足らずとするでありませう
落語家がなにものをも犠牲として唯々とその技芸の練磨に精進すべきの本務を忘れ労せずして功を獲んとする迎合主義にかたむきたること　更に最も大なる一つとしては私どもをして　かくせざるを得ざらしめた現今の興行政策を挙げなければならないと思ふのであります
この点に気附いた者の当然の行動として私は飽く迄も自由を追ひ求めてやまないのでございます　事の成否などは最早問題ではございません　たとへ街頭に餓死することがありましても来るべき芸術殿堂のために一つの捨石となることが出来ましたならばこれに過ぎたる喜びはございません
この度桃源座を組織して第一回公演を催しますにつきましては、今後ともどうかお見捨なく御援助賜はらん事を足下に伏して只管お願ひ申上げ奉ります

謹白

〈小春團治〉

桃源座の公演は盛会裡に終った。だが、すでに漫才一色にぬりつぶされていた大阪演藝界とあって、その影響は如何《いか》ほどのこともなかった。これまで小春團治の新作落語を掲載してきた「サンデー毎日」の大阪毎日新聞社とはライバル関係にあった「朝日新聞」が『聴心器』を掲載してくれたりしたものの、さしたるちからにはならなかった。もはや、落語に限らず、寄席演藝にたずさわる藝人は、吉本の手を離れたら大阪では一日たりと商売のできない体制ができあがっていたのだ。

結局、桂小春團治は東京へ出る。震災からたちなおった東京の寄席は、まだまだ落語を中心に動いていたし、なんといっても復興意気あがっている土地である。理想の新天地を求めた再出発……とはいうものの、大阪生まれの大阪育ちの藝人にとって、実際は、戦いに利あらずと見た都落ちの感があったことは否めない。

上京した桂小春團治に対して、東京の落語界があたたかく手をさしのべたかというと、これがそうでもない。当時、吉本は東京にも勢力をのばしており、浅草の興行街や神楽坂などに寄席を持っていた。おまけに、関東大震災の報が伝わるや、吉本せいの意向を受けた林正之助、青山督、滝野寿吉らの幹部社員が大量の救援物資を持って上京し、吉本とは直接関係のない落語家たちの被災先を慰問して歩いたことの、まだ記憶に新しかった時期である。その上、東京の寄席の復興を待てなかった三代目の柳家小さん、柳亭左楽、桂小文治などの大立者は、大阪に迎えられ、吉本花月連の寄席に看板をあげてきたのだ。そうした恩義のある吉本に対して、反旗をひるがえして上京してきた桂小春團治である。東京の空気も大阪同様に冷たく、先行き多難なものがただよっていた。

こんな小春團治に対して、義俠心を発揮した落語家が東京にもふたりいた。ひとりは、昭和五十七年の一月に彦六という名で死んだ林家正蔵《しょうぞう》で、その時分は蝶花楼馬《ちょうかろうば》楽《らく》を名乗っていた。もうひとりは、昭和三十九年に逝った三代目の三遊亭金馬《きんば》だ。ふたりとも落語協会で席をならべていた若手だったが反骨精神の持ち主だった。吉本からは、なんの恩義も受けていないこともあって、ふたりは小春團治のために、いろいろと奔走したのだが、うまくいかなかった。そのうちに、神田の立花の出番をすませた小春團治が、万世橋の近くで暴力団員風の男ふたりに襲われるという事件が起きる。このときの暴漢は、吉本が大阪から派遣したとも、東京の某一家の若い者が、吉本の気持をおもんぱかって手を出したともいわれているが、真偽のほどは定かではない。

この事件は、当の小春團治以上に東京のふたりの落語家にショックを与えたようである。頼られがいのなさもさることながら、東京の土地でこういう事件を出来させてしまったことへの責任もあった。とくに、三遊亭金馬にはその時分惚れていた吉原の遊女がいて、「身請けするなら金を出すから専属にならないか」と吉本から持ちかけられていた。「金語楼にはなりたくねえ」と、その吉本専属だった柳家金語楼の名をあげて断りつづけていた金馬は、東京に出てきた桂小春團治ひとりの面倒も見ることのできない、おのれのちからのなさが情なかった。

「俺は、東宝へ行くよ」

九段の病院に、桂小春團治を見舞った帰り道、蝶花楼馬楽にそう伝えて、金馬は落語協会を去った。

東京に出てきた小春團治が苦境に立たされていたとき、師匠桂春團治の病状はとみに進んでいた。小春團治の上京するふた月ほど前に、吉本せいが多額の寄附をしていた大阪日本赤十字病院に入院、すぐ手術を受けたのだが、胃癌ですでに手遅れの状態であった。春團治自身、そうした病状であることを知っていたふしがある。こうした入院、手術にかかわる費用はすべて吉本が出した。ということは、当然春團治の借金

桂春團治

に加算された。浪費癖の最後までなおらなかった春團治の借金はかさむ一方で、この時分になると、ひとつ八銭のりんごを買うことすら自由にならなかったといわれる。

その春團治の病床から、東京の桂小春團治のところに、九月七日付で、天王寺区生玉に移転したことを知らせたうえ、「一時大阪に帰ってくれぬか」と記した葉書がきた。わずかに平仮名を拾い読みする程度で、「ます」を、「〼」と書いたといわれる春團治のことだから、この葉書も代筆であった。

桂小春團治が、一時帰阪して、生玉町に師匠の春團治を見舞ったのは、昭和九年九月二十一日の朝、室戸台風がしのび寄っていた頃とあるが、富士正晴『桂春団治』からひいてみる。

〈春団治の相談というのは襲名のことであったらしく、どうやら春団治は福団治《ふくだんじ》にやらんならんらしいが辛抱してくれ、体がなおったらわしは桂掾（かつらのじょう）と名乗って再び高座に出るから、そしたらお前は小桂掾と改名せよと言ったそうだ。吉本興行部への大きい借金を肩代りさせる代りに、福団治に春団治を襲名させるという段取りが吉本興行部の手でちゃんと出来上っており、押し切られて春団治がそれを呑んだということである。春団治は一番可愛がっていた小春団治につがせたかったのであろうが、吉本興行部が後足で砂をかけて去ったと考え腹を立てている小春団治につがせる筈はなかった。思ってみれば、桂我都が襲名した春団治という小さな芸名が、一代のうちに襲名に大金を要するような大きな芸名に出世してしまったということになる。春団治はここからはじまったに等しいとして、その前の春団治を抹消し、岩井藤吉を初代春団治と称しようと、現在それで押し切っているのも、芸界の風俗としては当り前のことかも知れない〉

ここで富士正晴が書いている、「その前の春団治を抹消し」というのは、二代目桂文團治の門人で、大阪市西区阿波座宍喰屋橋の寄席圭春亭の主人が、春團治を名乗ったことがあり、ほんらいならこの春團治を初代とするべきだという考えのあることをしめしている。事実、『上方落語の歴史』の著者前田勇など、強硬にこれを主張し、世間がどうしても岩井藤吉の春團治を初代とするならば、せめて圭春亭主人の春團治を零代と称すべきだといっていたものである。

それはさておき、持ち前の心臓の強さからしばしばの危機を脱していた桂春團治も、とうとう昭和九年十月六日に、五十七年の生涯を閉じた。死の報をきいて、通夜の席にかけつけた桂小春團治は、吉本の若い社員の手で家の外につまみ出された。すでに、二代目春團治襲名の約束されていた桂福團治は、「もしも小春團治を葬儀に参列させるようなことがあったら、葬儀にかかわる費用の一切をお前に持たせる」と、吉本にいわれていた。こんな状態では、十月八日に阿倍野斎場で行なわれた盛大な葬儀に参列するすべもなく、桂小春團治はひとり東京に帰るほかになかった。

横紙やぶりの奇行の目立った桂春團治ではあったが、もはや昔日の面影ないくらい大きな組織にふくれあがった吉本にとっても、やはりかけがえのない存在であった。すでに、新しい演藝である漫才によって屋台骨の支えられている状態になってなお、「うちがここまで来られたのは、みんな落語家の師匠方のおかげ」といいつづけていた吉本せいにとって、桂春團治の死は、落語への訣別であった。

一方、ふたたび東京に戻った桂小春團治だが、相変らず仕事はなかった。なによりも、その時分の落語協会を牛耳っていた講釈師の一龍斎貞山《いちりゅうさいていざん》が、桂春團治の死の際に、吉本が小春團治に対してとった態度のことを気にしたことが、東京でも小春團治の出演する場をなくしてしまったのである。わずかに、吉本の息のかかっていない浅草の金車亭だけが小春團治を出演させてくれたが、三日間で百人くらいのワリ給金にしかならなかった。東京の寄席は、いまだにこの「ワリ」という給金制度を敷いているのだが、このときの小春團治の給金は二銭五厘だったというから、三日間で百人のワリということは、三日で二円五十銭の計算になる。ついでに記すと、蝶花楼馬楽つまり彦六で死んだ林家正蔵の給金は二銭四厘で、一厘の差が上京していることへの上乗せであったのだろう。

高座の仕事はなかったが、文筆による新作活動はさかんで、文藝春秋の「オール讀物」に、『花』、「婦人画報」に『人間の眼猫の眼』を、「週刊朝日」に『ゆうもあ自叙伝』などを発表している。しかし、寄席の高座に出演できないことには、吉本に反旗をひるがえして上京してきた意味がなかった。

あくる昭和十年の一月を期して、桂小春團治は東宝の専属となった。すでに東宝入りしていた三代目三遊亭金馬と、上京いらいなにくれとなく面倒をみてくれていた四代目柳家小さんの推輓《すいばん》によるものであった。東宝専属になったのを機に、桂小春團治の藝名を捨てて、本名の林龍男で高座をつとめることにした。戸籍上は竜男なのだが、字画の多い龍男を使ったのである。あとになってこそ、桂小春團治という藝名に愛着もなつかしさも生じたが、この時分には、この名前が決して好きではなかったと当人からきいたことがある。なによりも漢字五文字というのが固い感じを与えるのと、師匠である春團治に対する敬愛の念が強いだけに、なにかその名声にたよるようで、いやだったというのである。その師匠を失って、当然自分のところに来るべき名跡を、吉本の工作によって弟弟子の桂福團治に奪われた時点で、桂小春團治という藝名には、なんの意味もなくなっていた。

のちに、花柳芳兵衛《はなやぎよしべえ》を襲名して、舞踊家として再出発をするのだが、林龍男を名乗った年の暮に、田村町の飛行館で「林龍男舞踊発表会」を開いている。花柳寿二郎と花柳徳兵衛という日本舞踊界の革新派の斡旋《あっせん》によって開かれた会で、文楽の吉田文五郎や桐竹紋十郎《きりたけもんじゅうろう》も後援した、上方舞の発表会であったらしい。この会の直後、来春より林龍男改め桃源亭《とうげんてい》さん生《しょう》となる旨の挨拶状を各方面に送っている。林龍男の名による活動期間は実質一年に満たなかったことになる。

この桃源亭さん生という名は、当時桃太郎の人形のコレクションなどしていたことにちなんでつけたものだが、新住所たる東京市荒川區日暮里町三丁目一五三・ウグイス谷アパートから出した改名挨拶状には、後援者の名がイロハ順にならんでいる。

今村信雄、秦豊吉、長谷川伸、土師清二、小野賢一郎、吉岡重三郎、高井武雄、久保田万太郎、小島政二郎、阿部真之助、結城禮一郎、平山蘆江《ろこう》、森暁紅《ぎょうこう》、鈴木文史朗、と、ここに一行空白があって、村松梢風《むらまつしょうふう》、伊藤痴遊《ちゆう》、蝶花楼馬楽、柳家小さん、三遊亭圓遊、三笑亭可楽《さんしょうていからく》、三遊亭金馬とある。落語家のなかで、圓遊は三代目、可楽は七代目になる。

正確な日時の記録がないのだが、昭和五十年前後のことだと思う。大阪岸の里にあった稽古場をかねた花柳芳兵衛の住居を訪ねて、この時分のはなしをいろいろと伺ったことがある。桃源亭さん生と改名にあたって、いろいろなひとの家を挨拶まわりして歩いたときの、相手の応対ぶりを几帳面にメモしたノートを持ち出して見せてくれた。それによると、「長谷川伸。豆しぼりの手拭腰にさし、猿之助の春秋座を例に、世のなかにバカが少なくなったという」とか、「村松梢風、わがことの如く喜んでくれる」などとあって、徳川夢聲の項には、「トマトを食べながら焼酎をのんでいた。居候をして、大きな顔をして暮せるかといわれる」と、あったのが面白かった。大阪人の大阪弁による高座は、所詮東京の人間にとって居候のそれだったのであろう。花柳芳兵衛自身には、当時「都新聞」にあって健筆をふるっていた平山蘆江にいわれた、「東京で鼻つまみになるようでなければ駄目」という言葉がいちばん印象に残っているという。

このとき見せてもらったノートには、たずねた先でくれたのであろう祝儀の額まで記してあったのだが、そこまで写すのがなんとなくはばかられ、そのままにしてしまったのだが、いまとなっては惜しまれる。趣味のいい半纏《はんてん》をひっかけて、きちんと正座した姿は、もうすっかり踊りのお師匠さんのそれで、かつて寄席藝人としてならしたことが信じかねる感じであった。老眼鏡をかけて、文机《ふづくえ》の上にひろげた資料のいろいろを説明してくれるあたりは、文人の風格をそなえていて、ずいぶん長い時間お邪魔していたはずなのに、こちらのノートには、さしたることが記録されていない。鴨南蛮の蕎麦《そば》をご馳走になったのだが、これが絶品だったことをよく覚えている。

この花柳芳兵衛の遺稿集ともいうべき『鹿のかげ筆』という本があることは、前にちょっと記したが、これには桂小春團治時代の新作落語や、随筆、舞踊評論のたぐいが収められている。その巻末に、富士正晴による「花柳芳兵衛・母恋」という文章があって、芳兵衛自身の晩年の日記や手紙からこのひとの出生時の事情などをさぐっている。これによると、昭和十一年の九月に、桃源亭さん生の名で徳川夢聲の一行に加わり九州を巡業の途中、いったん大阪に立ち寄り、「落語家より舞踊家への転業と東京より大阪へ帰住することを決意する」とある。十月、大阪に戻ったうえ、それまでの舞踊の師匠であった山村若子に若太津の藝名を返上して、花柳流分家の芳次郎のところに佐藤駒次郎の紹介で入門するのだ。

さらに、富士正晴は、

〈十一月、「花柳分家の門弟舞踊家として再び吉本興行へ復帰せよと師匠の斡旋にて林芳男と名乗りて吉本へ帰る。舞踊等の創案に努力をす。北新地裏町『さヽ浪』田中乙次郎氏に寄寓す」芳男の芳は芳次郎の芳をもらったのだろうが、どういうわけで師匠が吉本への復帰を命じたのかは判らない。とにかくこれから、花柳流の分家門弟としての舞踊家の生活が一応その死までつづくわけであり、大変化といったものはまず無いように思われる〉

と、記している。引用した文章のうち、「花柳分家……」から「……寄寓す」までの、鉤括弧《かぎかっこ》のなかは、花柳芳兵衛自身によるものであろうが、富士正晴のいうように、

「どういうわけで師匠が吉本へ復帰を命じたのか」、また、なぜそのすすめにすぐ従ったのかには、理解に苦しむところがないではない。この文章にふれるまで、こうした事実があったことすら知らなかった。

おそらく師匠の花柳芳次郎としては、大阪を捨てていった藝人が、たとえ寄席の高座とは無縁の舞踊家としての再出発であるにしろ、またまた大阪で活動する以上、いったん元のかたちに納まったほうが、なにかにつけ好都合と考えたのではあるまいか。花柳芳兵衛にしても、桂小春團治時代、ほかの落語家にくらべればはるかに優遇されていた吉本に、あえて反旗をひるがえしたのは、漫才重視の行き方に落語家として義憤を感じたからなので、すでにこの点に関しては勝負がついてしまい、自分も落語を捨てて舞踊家として生きる決心をした以上、師匠の命に従っておいたほうが無難だと判断したのだろうか。いずれにしても、寄席演藝に限らず、大阪という土地で藝能活動をしていくからには、無用の摩擦はさけたほうがいいといった考えを持たせるほどに、吉本のちからは大きくなっていたのだ。ただ、いつの間にかそんなちからを持つまでに成長してしまった組織をかかえて、いままでどおりの身軽な動きのむずかしくなってきた事態への対応策となると、吉本せいはもとより、首脳陣にもなにもないというのが現実であった。

結局、昭和十四年三月十日、その時分東京木挽町にあった花柳流家元宅での、名取試験に合格し、花柳芳兵衛の名を許されたのを機に「吉本を円満退社」して、昭和八年に起こったトラブルに完全に終止符を打つことになる。だが、あくまでこれは表面上のことで、桂春團治の死をきっかけに、桂小春團治の名前を捨てた時点で事実上の決着はついていたのだ。吉本にとって、一落語家の反乱など、結局とるに足りないもので、なにほどのこともなかった。

だからといって、単純におのれのちからにおごる気分には、どうしてもなれないものが吉本せいのこころのうちに芽生えはじめていた。たとえとるに足りない存在であっても、自分に反旗をひるがえす藝人が出てきたこと、しかもそれに対して金のちからにものをいわすといったこれまでの解決方法が、まったく役に立たなかった事実が、先行きの不安となって残されたのである。

桂春團治の死は、吉本せいにとって落語との思いきりよい訣別であったのだが、それに先立って起こった桂小春團治の反乱は、吉本せいの時代がすでに終りにさしかかっていたこともしめしていた。ただ、そのことに気づいた者がいなかった。

六　崩壊

昭和九年十月六日の桂春團治の死は、吉本せいにとって、落語という藝に対する訣別であったわけだが、それは同時に事業の完成でもあった。夫の吉兵衛を失っていらい、実弟林正之助の協力をあおぎながら女手で事業をつづけてきた彼女にとって、昭和九年二月十一日に褒状を受けたことで獲得した社会的地位は、ひとつの到達点であったので、一応の仕事を果し終えたという感慨があったはずである。

吉本興業合名会社というのが昭和七年に改組設立され、自らその社長職に就任、いぜん陣頭指揮をとってはいたが、もはや吉本せいという固有名詞がなくとも充分にその機能を発揮できるだけの組織に成長していたのである。悠々自適という言葉があるが、吉本せいのこれからは、まさにこうした立場に身を置きながら、林正之助以下の人材にまかせておけばいいところまで来ていた。冗談でなく、「引退」のこともそろそろ頭にうかんでいた。だが、組織を拡大し成長させるために支払ってきた多くのもののなかには、吉本せいに安閑とした引退を許さぬ「疵《きず》」も少なからず残されていたのである。

自分の社会的な地位を得るために、各方面に多額の寄附行為をしてきた吉本せいだが、事業が円滑にはこぶために要する費用をも惜しむことなく投じてきた。それでなくとも女手ひとつで何軒もの寄席をきりもりしているという事実は、得体の知れぬ人物が近づいてきたり、土地の者が酒代せびりにやってくるには、しごく格好の条件であった。こうしたことの防波堤の役割を果してくれる存在に対して支払う費用は、いわば必要経費でもあったのだ。前で、ちょっとふれたことだが、「吉本の小屋には、必ず警官あがりがいる」といわれたのは、吉本せいが好んで警察の退職者を採用したからだ。警察と仲良くしておくことが、寄席興行をやっていく上での自衛手段と考えていたわけだが、吉本せいの更に老獪《ろうかい》なところは、その警察とは対立する組織とも、それとなく、つかず離れずの関係を持ちつづけていたことだ。

ただ、このようにダーティな面を持つ組織とのつながりが明るみに出ることは、なによりも自身の社会的地位と名誉に固執した吉本せいにとっては、いちばん邪魔になることであった。そのためのかくれ蓑になってくれる存在がなんとしても必要だった。

大阪府議会議長をつとめた辻阪信次郎と、吉本せいの交際がいつ頃から始まったものかは定かでない。大正十三年（一九二四）二月、三十四歳で夫吉兵衛に先立たれ未亡人となったせいが、血を分けた実弟以外に、ちからのある男をたよりたい気持をいだくのは無理からぬところだ。ましてや大阪市会議員、大阪府議会議長という肩書を有した名士は、自分も社会的な地位がほしいと願っていた身にとって、なによりもたよりがいのある存在であったことは想像に難くない。

辻阪信次郎は、明治十八年（一八八五）生まれとあるから、吉本せいの四歳上、ということは亡夫吉兵衛よりもうひとつ歳上になる勘定だ。大阪府多額納税者であった辻阪芳之助の実弟で、大正二年（一九一三）に分家している。喜久屋食料品店社長、五花街土地建物社長、虎屋信託取締役などをしながら、大阪市議会議員に四回当選、府議会議長も四期つとめている。一時はいわゆる名誉職だけでも五十三種を数えた多忙なひとだったが、世話好き、遊び好きでも知られ、南地花柳界では相当ならしたばかりか、藝界の贔屓としてもきこえていたから、吉本せいの近づく機会はいくらでもあった。大阪南区を中心に、隠然たる勢力を有していて、代議士出馬をすすめる周囲の声も相当に高かったというのだが、「決して代議士にはなるな」という亡父の遺言にかたくなに殉じたといわれる。それでも市議会選挙に要する費用はかなり高額のものであったはずで、その一部は当然吉本せいからも出ていた。単なる支持者としての関係を超えているとの噂が流されていたふしもある。そのあたりの見返りが、昭和九年の大阪府知事名による褒状にあらわれているのだろう。辻阪信次郎としては、この種の褒状を出させるために費す労力など如何ほどのものではなかったが、一介の女興行師にすぎない吉本せいにとっては、想像を絶する名誉なのであった。

その辻阪信次郎が大きくつまずくのである。こうなると一蓮托生《いちれんたくしよう》で、吉本せいも深い傷を負うことになる。

発端は、昭和十年七月に京都地方検事局が大がかりな税務吏疑獄事件を摘発したことであった。この事件は、京都の富豪や名家の税金徴収にあたって、税務吏のあいだに瀆職《とくしよく》行為が認められたというものであったが、捜査の過程で、かなり広範囲に渡った組織的な犯罪であることがあかるみに出て、その年十一月にいたり大阪にまで飛火したのであった。まず、十一月三日に大阪地方検事局が、大阪市南区の「会計税務一般代理業」というから、こんにちの税理士であろう某を、強制収容したのにはじまる。この税理士が、大阪南地一帯の花柳界、興行界、さらにはいうところの富豪、名士たちの税務を一手にひき受けていたことから相当広範囲に影響が及ぶものと思われた。はたせるかな、十一月十日になって、南税務署から転じたばかりの堺税務署直税課長が拘引され、ついに、十一月十六日、大阪府議会議長辻阪信次郎と、吉本興業社長吉本せいにまで捜査の手がのびたのである。

この日、大阪地方検事局及び大阪府警刑事課は、多数の刑事を三台の自動車に分乗させ、大阪南区畳町の辻阪信次郎宅から当人を召喚する一方で、南区東清水町の吉本興業本社の家宅捜索を行った。辻阪信次郎は、大阪府所得税審査委員会会長として、南所得税、営業収益税などの税額査定の面で絶大なちからをもっていたと伝えられ、南税務署管内の税額査定の大御所的存在であったというが、なんといっても大阪府政の大立者のところまで司直の手がのびたことで、大袈裟《おおげさ》ない方でなく大阪中がわきかえった。さらに、この辻阪召喚とときを同じくして、吉本興業本社が家宅捜索を受けたことは、吉本せいと辻阪信次郎の個人的な交際関係によって、興行税、その他の税務面で手心が加えられていたことを推測させるものであった。それでなくてもこの世界に広範囲の交遊関係を有していた辻阪だけに、吉本に限らずほかの興行会社、花柳界、カフェ業界などに波及することは必定とみられたのである。事実、その後にいたり南地五花街きっての料亭大和屋主人の阪口祐三郎はじめ、新町、堀江、今里新地の関係者、さらには松竹興行株式会社取締役会長の白井松次郎や、新興キネマ取締役福井福三郎らにまで手がのび、大阪府史の上でも記録的な大疑獄事件の様相を呈すのだ。

吉本せいが召喚されたのは、十一月十六日の午後六時というから、辻阪信次郎が召喚され、吉本本社が家宅捜索を受けた日の夕刻である。召喚された辻阪に対し、正式の令状が発せられたのを待っていたかのごとき電光石火の動きと伝えられているところをみると、辻阪との同時召喚こそさけているものの、検察側としては予定の行動であったのだろう。吉本せいの午後六時に三十分先立つ五時三十分に、大阪地方検事局は吉本興業税金係主任の吉崎競も拘引している。

吉本せいは、自家用車で出頭したというが、この日の検察側の動きを伝える、「果然急展開！　疾風迅雷の大検挙　辻阪府会議長の拘引について　吉本せい女も召喚」という見出しのついた、昭和十年十一月十七日（日曜日）付の「大阪朝日新聞」の十一面の記事は、ほとんど半ページを費す派手なものだ。そのうち吉本関係の部分だけうつしてみる。この記事を読むだけで、女興行師吉本せいの商売のやり方が明確にうかんでこようというものだ。

〈逭の女丈夫泣く

吉崎氏の脱税工作に諒解?

拘引状を発せられた吉崎競氏は奈良県生駒郡の出身で昭和四年ごろまで大阪南税務署直税課(判任官六級)に勤務し当時すでに税務関係に絶大の勢力を有してゐた辻阪氏から

特別の　庇護をうけてゐたが、氏の斡旋により氏が非常に親密にしてゐる吉本興業部に入社、以来同社の会計税金の事務を司つてゐたが、自己の税務署時代の知識と辻阪氏に対する特別の関係により相当多額の金を贈つて興行税所得税の査定に関し調査委員たる辻阪氏に手心を加へて貰ふ一方、辻阪氏を通じて税吏に贈賄してゐたといふ嫌疑をうけてゐる、吉本せい社長は辻阪氏と永年

親密な　交際をつゞけてゐたことゝ、吉崎税金係主任の行為にある程度の諒解があつたものとにらまれたゝめ留置されたものゝ如く同女は当夜縞お召の着物に黒縫紋の羽織、茶がかつたラクダの襟巻に半ば顔をうづめて悄然と自動車から降り立つた、蒼白

の顔や、充血してみえる目——それでもしつかりした足取りで階段を上り切り第二調室のドアに消えたが、寄席興行界一方の旗頭吉本興業部の女社長として切廻したさすが　の女丈夫も物々しい取調べと激しい衝動に女心を打たれたものか泣きながら取調べをうけ五時間後姿を現はした時はさすが疲労の面持で涙の跡もいたいたしく淋しい後影が長く廊下に尾をひいて同女をのせた府庁車は船場署に向つた、同署の冷たい留置所に生れてはじめての寝苦しい夜が明けたことであらう

寄席の〝尼将軍〟

織手に築いた巨万の富

女傑・吉本せい女

吉本せいさんは大阪の南北花月のほか、東京、神戸、京都、横浜など全国三十数ケ所の劇場と寄席の各種の雇傭芸人千三百人を擁する合名会社吉本興業部の女社長で、わが国の寄席興行師として伝統の松竹と新進宝塚劇場系の中間にあつて最近とみに擡頭してゐた漫才落語界の全権を掌握する興行界の大きな存在である

実弟正之助氏が実際上の采配を振りその弟の弘高氏を東京支配人とし三姉弟協力の結果亡夫が残した借財三十数万円を皆済したほか三百万円と称せられる現在の産を

築きあげた女丈夫で月給の先貸しは同興行部独特の芸人操縦法ともいはれ、またしば〳〵赤十字社その他の社会事業、愛国事業などに多額の寄附をなして紺綬褒章を下賜され、満洲事変の際にはいち早く横山エンタツ以下の全漫才幹部を動員して在満皇軍慰問興行の先鞭をつけたりした、昭和九年二月十一日の紀元節当日に節婦として大阪府から表彰され木盃を受けたこともある、なほ辻阪氏は吉本興業の事実上の顧問格であつたと〉

検察側は、辻阪信次郎、吉本せいをあいついで収監するのだが、吉本せいの実弟林正之助も取調べを受けている。林正之助は、せいの召喚された十六日以後、東京浅草の花月劇場の落成式に出席のため上京していたのだが、当局の召喚通知に接して急遽《きゆうきよ》十九日に帰阪し、刑事課に出頭したのである。吉本興業の実際上の運営は、この時分すでにほとんどが林正之助の手にゆだねられていたから、辻阪信次郎と吉本せいのあいだの、具体的な金銭上の動きなどについて追及されたわけである。事件を摘発した大阪地方検事局は、辻阪の斡旋で南税務署から栄転した堺税務署直税課長が、吉本せいの所得査定に関し数々の便宜をはかり、そのお礼としてせいが辻阪を通じて巨額の贈賄をしている事実をつかんでいた。辻阪信次郎も吉本せいも、予審判事による拘留訊問を受け、北区刑務支所に収容されたのだが、瀆職罪が適用されている。

広範囲で、しかも多人数が関連しているとあって、事件の究明には思いがけない時間がかかった。京都から大阪に飛火していらい二ヶ月を経過した時点で、辻阪信次郎をふくめ四十三名が未決監でその年をこすことになった。いずれもが各界知名の士とあって、腕のいい弁護士がついていたにもかかわらず保釈が許されなかったのだから、この事件にかける大阪地方検事局の意気ごみにはかなりのものがあったようである。

そうしたなかで、吉本せいだけは、病身を理由に例外的な保釈が認められ、ただちに大阪日本赤十字病院に入院している。宿痾でもあった肺結核の病状は、この頃まだそれほど悪化しておらず、収監される前には現実に社長職をまっとうしていたのだから、この釈放には政治的配慮のかげが見える。慈善事業に対し多額の寄附をしていたことが、自身の危急を救ったわけで、まさに免罪符の役割を果してくれたのだ。なかでも大口の寄附先であった大阪日本赤十字病院の病室は、いらい吉本せいの別宅の趣きをなすようになる。

事件のほうは、意外な結末をむかえる。辻阪信次郎が、収容されていた大阪北区刑務支所で縊死《いし》してしまったのである。昭和十一年と年があらたまった一月二十三日のことであった。

この日辻阪は、いつものように大阪地方検事局ならびに予審の取調べを受け、第二号舎三十六号の独房に戻った。これが午後一時頃といわれ、それから三十分ほどして看守が見廻ったときには端座瞑目《たんざめいもく》していたという。縊死を企てているのが発見されたのは、刑務支所の発表によると午後一時四十五分で、辻阪は、南窓の金網に麻のハンカチ二枚をつなぎあわせた紐をくくりつけ、首を吊っていた。ただちに医師による人工呼吸と強心剤の注射が試みられたが、七十キロをこす肥満した体重が、細くよじったハンカチに吊るされたため頸部《けいぶ》深く喰いこんでいる状態であった上、脂肪過多症で心臓も丈夫でなかったことなどあって、午後三時半に絶命した。

辻阪信次郎の自殺は、各方面に大きな衝撃を与えた。大阪府政界の巨星と新聞が報じているとおり、その影響力にははかりしれないものがあった。それだけに、拘留中も自分の取調べの結果が広範囲のひとびとに波及していくことに、いたくこころを悩ましていたという。それでなくても育ちのよさからくる、気の弱い性格は、号外の鈴音をきくたびに、「また誰か検挙されたのか」と看守にたずねるなどしておびえていたという。遺書はなかったが、長い拘置生活の心労もあって神経衰弱気味だったともいわれており、かねてから覚悟の上のことだろう。大阪の政治家として順風満帆の歩みをつづけてきたエリートにとって、このつまずきは想像以上の深い傷を負わせたものと思われる。死の前日に到着したという弟宛の葉書が、事実上の絶筆とみられるのだが、こまごまと家族の安否をきづかった上で、「この事件は私一人の責任です、悲嘆にくれてゐる家の事を思ふと夜もろく〳〵眠られない私のこの意をくんでどうか留守中の万端の世話をして下さい」とあった。

「法の裁断を前に死の清算」と報じられた自殺によって、辻阪信次郎に対する公訴権は消滅したわけだ。だが脱税疑獄そのものに関する捜査のうち、辻阪から聴取すべきことのほとんどは終了しているので、自殺による取調べ上の支障はまったくないというのが大阪地方検事局の意向で、既定方針どおりに捜査をつづけることになった。しかしながら、辻阪信次郎の主任弁護士内藤正剛によれば、予審判事の辻阪の取調べは遅々としてすすんでいなかったといわれる。辻阪自身「なにも調べてくれないので困っている。調べを急いで、一日でも早く保釈してほしい」と弁護士に訴えていたそうで、検察側のいい分とはかなりの距離がある。

いずれにせよ、事件の中心人物であった辻阪信次郎が自殺してしまったのだから、検察側の強気の発言にもかかわらず捜査が頓挫をきたしたのは否めない事実であった。「既定方針どおり検挙に邁進」すると口にしながら、辻阪の死後新しく召喚される者がほとんど出ないばかりか、一月三十日になって、松竹興行株式会社取締役会長白井松次郎が五十三日ぶりに突如保釈されている。すでに、興行税減額を策して辻阪を中心とする大阪府議会関係者に五万円余を贈賄した容疑で起訴されており、取調べを終了したからというのだが、捜査が大幅に後退した印象は否めなかった。

吉本せいにかかわる脱税と贈賄に関して、辻阪信次郎は一切口をとざしたままで自殺して果てたようだ。おかげで、辻阪といちばん近いところにあっただけに、おそらく巨額にのぼると思われていたせいに関する容疑は、すべてがうやむやのうちに処理されざるを得なかった。わずかに下級税吏や島ノ内警察署長あてに二百五十円を贈ったという本筋にはほど遠い些細な瀆職が公判にふされただけで終った。辻阪信次郎は、文字どおり生命をかけて吉本せいをまもったわけで、せいにとってはかくれ蓑《みの》以上の役割を果してくれたことになる。

大阪府全域を震撼《しんかん》させた大事件に連座しながらほとんど無傷ですんだ吉本せいの強運には、ひとりの生命という大きな犠牲があったわけだ。その犠牲に対して、礼を支払うすべすらなかったことが、吉本せいには悲しかった。事業に対する緊張の糸が、ここでぷつりと切れた。事件に関しては無傷の結果と終っても、精神的な傷跡はいつまでも消えなかった。

この事件に直接の関連はないのだが、辻阪信次郎の嗣子昌一は、つい先年まで吉本興業株式会社の役員に名を連ねていたことを付記しておく。

昭和十三年、吉本興業合名会社は資本金四十八万円で株式会社となった。引きつづき社長の椅子についたものの吉本せいは、これを機会に第一線を退き、林正之助が正式に実際の采配にあたることになった。大阪府の税務瀆職事件に連座したことの責任をとるというのが表むきの理由であったが、責任をとるもなにも、せいには事業に対する意欲がすっかり失われてしまったといったところが実情であった。それでも社長の肩書は残しておきたいあたりが、如何にも吉本せいであった。第一線を退くことが、そのまま引退につながるはずであったのだが、なかなかそう簡単にことをはこばせない要素が少なからずあるのが、吉本興業という組織の特徴なのであった。持って生まれた性格にふりまわされるようなところが、この組織にはありすぎた。

昭和十四年二月、吉本興業株式会社専務のまま林正之助が、株式会社東京宝塚劇場の取締役に就任している。東宝としては、いわゆる社外重役である。それより前、東宝がまだPCLと称していた頃から、吉本はエンタツ・アチャコを中心とする傘下の藝人を提供し、提携作品を生んでいた。昭和十一年に封切った『あきれた連中』が、この提携第一号作品であった。『東宝五十年史』巻末の「年表」昭和十一年十一月の項によると、「吉本と提携し芸能者の引抜き防止、吉本演芸陣の東宝系映画、演芸出演協定成立（十八日）」とあり、単なる出演者の斡旋による提携をこえた、引き抜き防止を策した協定であったことがわかる。こんないきさつがあった上での、林正之助の東宝重役就任であったが、これが思わぬところを刺激した。

林正之助が東宝の役員になった昭和十四年頃といえば、東宝と松竹の二大勢力の対立の最も激しい時期であった。

昭和十二年九月七日に、足かけ十一年在社して、その屋台骨を背負ってきた松竹との契約が切れた林長二郎（長谷川一夫）が、東宝入りしたのである。松竹側から見れば、まさに引き抜かれたわけで、東宝の用意した報償金は十五万円だったといわれる。

田中純一郎『日本映画発達史』（中公文庫）によると、

〈長二郎の東宝入りは、必ずしも黄金の前に屈したということばかりではなく、松竹の老獪な封建主義から脱却しようとする転身の願いも多分にあったようである。

しかし、松竹側に、長二郎問題に対して反省した者が何人いたであろうか。牢乎たる郎党的集団の松竹は、東宝に対する反撃の意味も加えて、会社をあげて長二郎を罵倒し、あらゆる術策を弄して、長二郎を攻撃した。小新聞やスキャンダル・シートがまた、これに雷同し、一人の人間林長二郎を追い回し糾弾した〉のである。

林長二郎の東宝入社第一回作品『源九郎義経』は、東京の「全東部松竹歩合館聯盟」が、

「本聯盟は忘恩変節漢林長二郎を断乎排撃し松竹本社の方針に信頼、絶対これを支持す。時正に国家総動員の秋、協力一致、松竹映画の進展を計り、以て映画報国を期す」

なる決議文を発表するなど、激しい反論が高潮するなか、東宝京都撮影所で撮影にはいった。昭和十二年十一月十二日、この撮影所門前で林長二郎は暴漢に襲われる。左の頬に剃刀で長さ十二センチ、深さ一センチに及ぶ重傷だった。号外を出した新聞もあり、十五代目市村羽左衛門をして、「豪儀なものだ。俺が死んでも号外は出めえ」

といわしめた。犯人は、四日後に逮捕されたが、組織が差し出した身代りであるといわれ、京都の暴力団千本組が関係していると見られていた。こうした背後関係の参考人として、当時松竹系の映画会社新興キネマの撮影所長だった永田雅一が留置されている。

この事件のくすぶりが、まだ完全にさめたとはいえない時期に林正之助が東宝の重役にむかえられたことが、松竹を刺激したのだ。松竹は、これによって東宝と吉本の提携がよりいっそう強まることを恐れたのである。東宝が、吉本との提携を強めることは、とりもなおさず吉本傘下の演藝人の多くが、これまで以上に東宝の仕事に協力することだが、それが単に東宝製作の喜劇映画に出演するだけであれば、松竹としてもさほど恐れる事態ではなかった。

昭和十二年にはじまった日中戦争は激しさを加え、国家総動員法が公布され、暮しの面でも娯楽に対するしめつけは日に日に強まっていた。映画興行も、昭和十三年二月一日から三時間制というのが実施され、邦画、洋画ともに上映本数が制限されたのである。そのため、従来の三本立興行などにならされていた映画館は、プログラムを埋めるのに腐心したのだが、苦肉の策として登場したのが「映画と実演」と称するシステムであった。封切映画を上映したあと、実演と称するアトラクションで時間をつなぐのである。すでに、大阪ばかりか、東京にも沢山の藝人をかかえていた吉本興業は、こうしたアトラクションの番組作成に頭を悩ます映画館にとって、しごくたよりになる存在であったのである。

その吉本興業と東宝が提携を強めるというのは、それでなくてもアトラクションの面で東宝に遅れをとっていた松竹にとって、決して面白いことではなかった。かといって、林長二郎事件以後、正面きって東宝と対決するわけにいかなかった松竹は、その鉾先《ほこさき》を吉本にむけたのである。大阪税務瀆職事件の際、最大のかかわりを持っていたと思われていた吉本せいが、ほとんど無傷で終ったのに、松竹関係の贈賄はかなりの額があかるみに出て、白井松次郎以下司直の糾弾をうけたこともあって、「吉本にくし」というさかうらみの感情が底流にあったことも否めない。ただ松竹としては、この上トラブルにまきこまれたくないという思いも強く、表だった行動はなんとしてもさけたい事情があった。そのため松竹に代って、新興キネマがその役割をになうことになった。

新興キネマは、昭和六年、二流の映画会社に転落していた帝国キネマを、松竹が併呑して設立した映画の製作、配給会社であった。一応、松竹とは別の組織になっていて、独自の専属俳優やスタッフをかかえてはいたが、松竹資本であることにかわりはなく、系列会社の趣きであった。この新興キネマが、林正之助の東宝重役就任を見て、昭和十四年に、「演藝部」を設立したのである。演藝部設立の目的が、吉本の専属藝人引き抜きであったことはいうまでもない。

直接引き抜きの役目にあたったのは、新設された新興キネマ演藝部の部長鈴木吉之助だが、京都の府議会議員をつとめたこともあるという吃音《きつおん》の、怪物じみた人物だったという、その鈴木吉之助の助手をつとめていたのが、後年喜劇役者として大成する伴淳三郎《ばんじゆんさぶろう》であるというのも面白い。当然、撮影所長であった永田雅一も陰からこの引き抜きに加わっていた。この新興キネマ演藝部の引き抜きは、いまだ語り草になっているほど大変なセンセーションを巻き起こすのだが、そのために用意された大量の資金が、意気ごみのすごさを物語ってもいる。

新興キネマ演藝部が、いちばん先に引き抜きの狙いをつけた吉本の専属藝人が、漫才コンビのワカナ・一郎であった。正式の藝名は、ミスワカナと玉松《たままつ》一郎で、当時、人気の面ではエンタツ・アチャコをしのぐものがあった。そのワカナ・一郎に、新興は吉本の十倍の月給を提示している。十倍の月給には、動揺しないほうがおかしいくらいのもので、一も二もなく、ワカナ・一郎は新興に移籍して、これが新設された演藝部の柱になるのだが、のちになって明らかにされたはなしでは、新興はワカナ・一郎を引き抜くにあたって、「エンタツ・アチャコも、すでに新興との契約をすませている」と伝えている。そのエンタツとアチャコは、名古屋に出演していたのだが、その出演先に十円札の一杯につまった餅箱を、新興は永田雅一の名で送りつけている。「これを見たときは、身体がふるえた」というのは、のちになっての花菱アチャコの述懐だが、エンタツもアチャコも吉本にふみとどまった最大の理由は、やはり吉本に対する恩義であろう。とくにアチャコは、吉本せいに格別に目をかけられており、そのせいが大阪税務瀆職事件で受けた精神的な痛手の未だ癒えない時期に、恩を仇でかえすような行動はとれなかったのではあるまいか。いずれにしても、新しい看板であったワカナ・一郎を引き抜かれたことは、吉本にとって大きな痛手であった。

ミスワカナ・玉松一郎を獲得したものの、エンタツ・アチャコをのがした新興キネマ演藝部の第二のターゲットは、東京吉本でめきめき売り出し中で、入りきれない客が日本劇場を二重三重にとりかこんだといわれた「あきれたぼういず」であった。

「あきれたぼういず」は、廣澤虎造《ひろさわとらぞう》調のダイナ節で人気のあった川田義雄（晴久）を中心に、坊屋《ぼうや》三郎、芝利英、益田喜頓《ますだきいとん》で編成されていた当時流行のぼういずチームであった。新興は、鈴木吉之助と伴淳三郎が秘密裡にことをはこび、帝国ホテルで川田義雄が代表となっての契約調印にこぎつけた。吉本時代は、川田、芝、益田、坊屋の四人で月給千円だったのだが、新興はひとり六百円の月給に加えて四人で一万円の契約金を用意した。ところが東京支社の電話を交換手が傍受したことから、この引き抜きを察知した吉本は、すでに西下途中の一行を箱根まで追いかけて、川田義雄ひとりだけ思いとどまらせたのである。川田義雄は、踊り子の桜文子と結婚したばかりで、その媒酌《ばいしゃく》を吉本せいの実弟で東京の責任者であった林弘高にしてもらった義理があったのである。新興では、川田義雄の穴を当時ロッパ一座でくすぶっていた山茶花究《さざんかきゅう》を引き抜いて埋めた。

結局この引き抜き騒動で、吉本を離れて新興キネマ演藝部に走った藝人は、大阪側が、ワカナ・一郎、松葉家奴・喜久奴《きくやつこ》、ヒノデ・サクラ、竹幸《たけこ》・出羽助《でばすけ》、ラッパ・日佐丸、東京からは、「あきれたぼういず」のほか、新進の漫才コンビ香島ラッキー・御園セブンであった。新興が派手な札束攻勢をくりひろげた割に、吉本側の被害が思いのほか少なかったのは、吉本がいちはやく奪われた藝人に対して、新興演藝部関係への出演を禁ずる仮処分を申請し、出演映画のフィルム差し押えを求めるなどの手段で対抗したからである。

最終的には大阪と京都両府警保安課の調停で、吉本側の林正之助、林弘高兄弟と、新興キネマ演藝部側を代表して松竹の白井信太郎、永田雅一が握手することで休戦協定を成立させた。警察の介入は、吉本興業にとっても、新興キネマ演藝部にとっても、不本意なものがあったと思われるが、吉本せいがながい時間をかけてつちかってきた、警察とのつかず離れずのつきあいが、こうしたときにはやはり役に立った。

新興の引き抜き事件は、吉本興業の温情主義という古い体質に便乗した要素もあったとして、長沖一が『上方笑芸見聞録』（九藝出版）という本に、

〈吉本では古い落語家たちが老齢で高座に出られなくなっても死ぬまで何がしの生活費を与えていた。その実例を、私はいくつか知っている。それが、もう時代にはそぐわなくなった〉

と書いているのだが、こうした吉本の「古い恩情主義」は、吉本せいのお眼鏡にかなった一部の藝人にだけ行なわれていたことも、またたしかなのである。個人的な好

みの極端に激しかった吉本せいに嫌われた藝人は、それこそ前払い月給の出る前日に首を斬られるといった非情な扱いを受けていたのだ。だから、新興キネマに演藝部ができて、札束で頬を打つような引き抜きをやったおかげで、吉本傘下の売れない藝人の待遇も多少改善される結果も招いているのだ。そうした事実をふまえた上で、富岡多恵子『漫才作者秋田實』（筑摩書房）の、

〈吉本式の、いわば恩情主義のなかで生長した芸人たちに、芸をビジネスとして認識させる機会が生じた〉

という指摘は注目していい。

それにしても、金のちからにものをいわせ、藝人を金でしばって発展してきた吉本興業が、新興側の大量の札束攻勢にいためつけられたというのは、皮肉といえば皮肉ななりゆきで、吉本せいには考えさせられるものがあった。さらに、亡夫吉兵衛が意図していた寄席のチェーン化による観客動員の増大策に対して、新興が、大劇場を利用することで同じ目的を果そうとしていた合理的な方策など考えあわせ、吉本せいは自分の才覚の及ばない新しい時代が近づいてくることに、なんの対応もできないでいるのを知るのだった。それればかりか、対応策を生みだすべき意欲すら、いまのせいに

は、わいてこなかった。

大阪税務瀆職事件でつまずいていらい、吉本せいの身辺には不名誉なことがつづいた。

新興キネマ演藝部による引き抜きも、結局警察の介入を待ってかたがついたのだが、あくる昭和十五年八月十五日には、廣澤虎造の映画出演をめぐる暴力団どうしの抗争が生んだ殺人事件にまきこまれることになる。

『清水次郎長』で人気絶頂の浪曲師二代目廣澤虎造は、当時東京浅草の浪花家という藝能事務所でマネージメントをしていたが、映画出演に関しては、吉本興業がその事務一切を担当することになっていた。廣澤虎造という藝人は、万事にあけっぴろげで鷹揚《おうよう》、細かいことにはこだわらない性格の持ち主であったが、それは一面ずぼらに通じることでもあった。たとえば、直接仕事を頼まれると断りきれずに引き受けてしまうのはいいのだが、それをマネジャーに通すのを忘れてしまったりする。そのため、小さなトラブルが絶えなかった。

下関を地盤に、漁業用の竹籠の製造業を営みながら、初代大江美智子を擁して興行の世界にも進出してきた籠寅一家の当主保良《ほら》浅之助《あさのすけ》は、山口県選出の衆議院議員をもつとめた興行師であったが、この籠寅が、日活映画の出演を直接廣澤虎造に依頼して、虎造のほうもふたつ返事で引き受けたのである。問題の日活映画は、保良浅之助の自著『俠花録』によれば、「二代目大江美智子の主演に、虎造が特別出演で浪曲を語るという趣向」とあって、いかにもそれらしいが、たまたま事件に遭遇しているという嘉山登一郎が、「月刊浪曲」に連載している『浪花節回顧録・寄席浪曲華やかな時代』では、「『世紀は笑ふ』という映画で、杉狂児、星玲子主演」と、これまた妙に具体的だ。

いずれにせよ、「廣澤虎造の映画出演に関しては、吉本興業を通すこと」という内規が無視されたのである。これが、籠寅の興行界への派手な進出を、こころよく思っていなかった神戸の山口組を刺激した。山口組が吉本興業とつかず離れずの関係を保ちつづけていたのは、吉本せいの、警察とも、その警察と対立する組織とも、適当な距離を置いてつきあっていく方針からであった。ただ、せっかく大阪府から表彰されて、かねてからほしかった社会的地位を得た矢先に、不名誉な事件に連続してまきこまれていた吉本せいとしては、こんどばかりは多少のところは譲っても、穏便にすませてほしかったものと思われる。だが、せいのそんな願いとはまったく別の方向に事件は進展してしまう。というよりも、もうこの時期の吉本せいには、そうした動きを阻止するちからがまったくなかった。山口組は、廣澤虎造を日活の撮影現場に送らなかったのである、籠寅は、日活に対して顔をつぶされたことになる。

浅草仁丹塔附近にあった浪花家の事務所を訪れ、二階で雑談をしていた山口組二代目親分山口登のところに、籠寅一家の者がなぐりこみをかけ、浅草松竹座近くの街頭で壮絶な白昼の斬りあいを演じ、籠寅、山口組、双方とも一人ずつの死者を出すのである。山口登は、このとき受けた傷がもとで一年後に病死する。

多額の金を慈善事業に寄附することによって、社会的地位を得る一方で、興行という事業を円滑にはこぶため、ダーティな一面を持つ組織と接触をはかり、そのかくれ蓑として政界実力者にこれまた多額の献金をして築いてきた吉本せいの「名誉の人」という称号が、もろくも消え去っていくのであった。昭和三十三年に学風書院から刊行された旗一兵『喜劇人回り舞台』は、「笑うスタア五十年史」のサブタイトルがしめすように、これまであまり活字にならなかったこの世界の通史が書かれた好著なのだが、

〈松竹の演芸攻勢の「かくれみの」が新興キネマ演芸部とすれば、東宝のそれが吉本

興業であり、その吉本の院外団になったのが山口組である〉と、このあたりの図式をじつに明快に説明してのける。

それぞれが、それぞれの「かくれみの」を持った時代が、音たてて︿ずれ落ちていくようであった。

ところで吉本せいは、新興キネマ演藝部の引き抜きのひきがねともなった実弟林正之助の東宝重役就任をどう思っていたのだろう。

『東宝五十年史』によると、林正之助が株式会社東京宝塚劇場と、それが東宝映画株式会社といっしょになって設立された東宝株式会社の取締役に就任していた期間は、昭和十四年二月十七日から昭和二十二年十月十五日にいたる八年間である。吉本せいの営々として築きあげてきたものが崩壊にむかっていたのと、同じ時期にあたるのがなんとも皮肉な暗合である。吉本せいが得意の絶頂にあるとき、彼女の業績を紹介する新聞や雑誌の記事が、「女今太閤」とともに「女小林一三」という肩書を好んでつけたが、「今太閤」という称号は世間が小林一三に対してつけたもので、この「小林一三」に擬されたことが嬉しくないわけはなかった。当時のマスコミが、吉本せいを小林一三にたとえたのは、小林が温泉地の客寄せに始めた宝塚少女歌劇を手はじめに、東京宝塚劇場を建設し、興行の世界に進出し松竹トラストに対抗する新勢力のにない手として高い評価を得ていたからにほかならない。かといって、経営者としての実力も、毛なみの良さを誇るその経歴も、吉本せいごときの遠く及ぶところではなかった。

つまり吉本せいが、額に汗してためた金のちからで、やっと手にいれた社会的地位を、小林一三のほうは最初から有していたのであった。東宝が、興行の世界の新勢力といわれても、もとはといえば作家志望で万年文学青年らしい小林一三の趣味から出発したもので、むしろ虚業にすぎないといわれていた興行の世界に、日本を代表するエリート実業家が参画することによって、ようやく実業としての光があてられた事実が高く評価されていたのだ。いってみれば、自分にまったくそなわっていないものを、すべてかねそなえている小林一三になぞらえられたことは、たとえそれが新聞記者たちの皮相な見方によるものであっても、吉本せいにとっては身にあまる名誉であったのだ。

そんな小林一三が創始した東宝に、社外重役としてむかえられた林正之助が、吉本せいはねたましかったのではあるまいか。もし、大阪税務瀆職事件によって、吉本せいが失墜していなければ、せい自身が大東宝の経営陣に参画できたかもしれないと、無念やるかたない思いすらあったはずである。生前の吉本せいをよく知るひとが、口をそろえていっていたことに、無類のさびしがり屋であると同時に、大変なやきもちやきだったというのがある。嫉妬心が強かったのは、未亡人生活が長かったからと解するむきが多いのだが、その嫉妬の対象は、たとえ血を分けた姉弟であってもまぬがれるものではなかったという。他人の手柄も、すべて自分のものにしなければ気のすまなかった吉本せいは実弟の林正之助に、東宝の重役がつとまるまでのちからが、いつの間にかついていたことが、やはりねたましかったはずである。たとえ大阪の演藝界を支配しきっても、世間はまだまだ吉本興業株式会社の社長という肩書よりも、小林一三の息のかかった東宝株式会社のひら取締役のほうを重いと見ていた。いや、世間ばかりか、くやしいけれども吉本せい自身がそう見ていた。現実に、第一線から退いて、林正之助に采配のすべてをまかしきっていてなお、社長という地位に固執しつづけた吉本せいの本音がそうであった。

ひそかに願っていた悠々自適というにはほど遠いかたちで、不本意ながら第一線から身を退くこととなった吉本せいだが、周囲の状況も、もはや彼女のちからを必要とするどころか、興行そのものの存在が危ぶまれるようになっていた。戦時体制はますます強化され、国民の生活は日に日におびやかされていたのである。昭和十五年に、近衛文麿の提唱した新体制運動は、政財界、言論界、右翼、軍部、政党などから圧倒的支持を受け、とくに陸軍は国家の総力をあげてドイツと歩調をあわせて戦争遂行のため国内体制を動かして行こうとしていた。こうした目的にあわせて大政翼賛会、産業報国会などの各種団体が続々と設立され、「一億一心」のスローガンの前に興行界といえども無縁でいるわけにはいかなかったのである。

昭和十五年十二月二十六日には、そんな国策に呼応して「藝能文化聯盟」が発足している。この組織は、その規約によれば、「演劇、映畫、演能及競技其他ノ藝能ノ醇化ヲ圖リ日本精神ノ昂揚ト健全ナル國民文化ノ進展ニ寄與シ以テ藝能報國ノ誠ヲ致スヲ目的」として、「國策ノ普及徹底ニ必要ナル事業」を行なうためのもので、警視庁保安部の指導により結成されたものであった。そして昭和十六年十二月八日の真珠湾奇襲攻撃による太平洋戦争突入は、ますます国民に非常時ゆえの耐乏生活を強いるものとなってきた。

昭和十九年二月二十五日には、「国内の弛緩せる士気を高揚する」目的で、「決戦非常措置」にもとづく高級享楽停止に関する要綱が政府から発表され、これにより吉本興業直営の大阪花月劇場、南地花月、新世界南陽演舞場の休業を、大阪府保安課から命じられた。吉本せいにとって、それぞれが、それぞれの思い出を有している小屋であり劇場であった。いつも木戸口を開いて、大勢の客を吸いこもうとかまえていた劇場が、一方的なちからによって閉ざされていくのであった。もはや、地位も、名誉も、そして財力も、なんの役にも立たなかった。事態を、ただ呆然と見まもる以外、せいにもなすすべがなかったのである。そして、連日のようになった敵機の襲来によって、吉本せいが三十年間の血と汗と涙で築きあげた殿堂は、一瞬のうちに灰燼に帰してしまうのだ。こと、ここに至っても、思いのほか冷静でいられることが、せいには不思議でならなかった。明日をも知らぬ事態が、そんな冷静さをもたらしたと知ったのは、あとになって平和が訪れてからのことであった。

昭和二十年八月十五日。日本の敗戦で、長かった戦争に終止符が打たれた。

ひとびとが、ふたたび焦土から立ちあがろうとしているのを見ると、吉本せいも、「生きていてよかった」といった思いがこみあげてくるのだった。

大正十二年(一九二三)十月二十六日に、吉本せいの得た二男の泰典は、その翌年に吉兵衛が逝っているので、父の顔を知らず母の手で育てられた。泰典は、昭和十八年に、それまでも通称として用いてきた「頴右」を戸籍上の本名としている。夫を失ったせいは、この頴右の成長に心をかけた。すでに長男を失った母親にとって、たったひとりの男児である。せいが頴右を溺愛したことなども、序章に記した。

日本の敗戦を頴右は二十二歳でむかえたのだが、せいには息子の成長した姿が、なによりのはげみになるのだった。大阪税務瀆職事件いらい、事業に対する意欲をすっかり失ってしまったせいにとって、この頴右の成長だけが生甲斐であった。社長とは名のみで、実権は林正之助にゆだねてある事業のほうも、いずれは頴右に託すつもりで、夫吉兵衛の死に際しても、家督はせいが親権を行使して、生まれたばかりのこの二男に相続させていたのだ。ただひとつ気がかりといえば、母親に似て、頴右が病弱であることだった。

この頴右が、吉本せいの意にそまぬ恋にはしるのだ。相手は笠置《かさぎ》シヅ子だった。

笠置シヅ子は、大阪歌劇団（ＯＳＫ）にあって活躍していたが、戦争が激しくなるにつれ、「動きが激しすぎる」「つけまつ毛をつけた」などと、つまらぬことで警視庁からにらまれ、軍部のおぼえもよろしくなかった。そんな事情が、『アイレかわいや』とか『サヤサヤ』などの南方民謡への逃避となってあらわれていたのだが、抜群のリズム感には日本人ばなれしたものがあり、のちにブギの女王としてはなばなしい脚光をあび、日本中を席巻するのは、約束されていたようなものだった。それだけに、日本敗戦にともなう奇妙な明るさと、解放感は、いよいよ自分の時代が到来したことを告げていた。おまけに、吉本興業の御曹子吉本穎右との恋も実ったとあって、笠置シヅ子にとって正しくわが世の春であった。

ところが、吉本せいは穎右の恋を許さなかったのである。笠置シヅ子が、穎右の子をすでに身籠っている事実を知りながら許さなかった。穎右の恋愛は、母親せいにとって、息子の裏切りであった。許されぬまま、穎右はあっ気なく昭和二十二年五月十九日不帰のひととなってしまう。二十四歳の若い生命を奪ったのは、母親とおなじ宿痾の肺結核であった。妊娠中だった笠置シヅ子は、やがて女児を得るのだが、父親の顔を知らないこの女児をエイ子と名付ける。「えいすけ」と読む穎右のエイをとった、忘れ形見である。

吉本せいは、なぜ穎右と笠置シヅ子が結ばれることに、ああまでかたくなに反対したのかについては、いろいろと考えさせるものがある。昭和五十二年に、朝日新聞社から『現代人物事典』というのが出て、そのなかの「吉本せい」の項目を書いたのだが、原稿執筆にあたって資料にするようにと、いくつかの切り抜きが送られてきた。そのなかに、いったい何に載ったものやら出所のまったくわからない、名鑑の記述のようなもののコピイがある。記事から推察して、昭和二十三年のものと思われるが、吉本せいの晩年の姿を伝えているのと、穎右と笠置シヅ子の問題から、せいが如何に逃げたがっていたかがわかるので、全文引用してみる。

〈吉本興業株式会社社会長　吉本せいさん（60）
生粋の大阪ッ子　大正十三年　亡夫吉兵衛が逝つた時には借財三十万円という悲況それを女手一つで切り廻し　漫才落語の「吉本王国」を作りあげ　関西興業界の「尼将軍」の異名をとつた昨年　専属の全芸能人を解放　映画配給を主とする株式会社に改組し会長に就任　下足番はやる木戸にたつてヨタ者は追い払う　舞台衣裳は縫う芸人たちの洗濯はすると四時間の睡眠すらできなかつた大正初年の創業当時を追憶「もう私の出る時代やおまへん　ストたら組合たらいうて難しい時代どすもんな」という　昨年五月亡くなつた　独り息子の穎右氏と例のヴギウギ歌手笠置シヅ子さんとの問題については「何も知らない」と語らなかつた〉

いくらなんでも子までなした仲について「何も知らない」はないだろうという思い

もするし、こうしたかたくなさは、やはり吉本せいならではという感じもある。

吉本せいが、穎右と笠置シヅ子の仲を認めようとしなかったのは、踊り子ふぜいと最愛の息子をそわせるわけにはいかないとする思いあがりからだったというひとがいる。藝人を金であしらって産をなしたせいには、この世界の裏側がすべて見通せたので、せめて息子の嫁だけは、この世界の埃《ほこり》にまみれていないところから貰いたい気持が強かったというのだ。一理ある説とも思えるが、そうした母親の感情というものは、ふつうだったら現実に恋愛が進行し、しかも自分にとって孫になるはずの生命を宿した女が目の前に現われてなお、ああまでかたくなになれるものではない。一代で産をなした自負のある吉本せいに、「吉本家の嫁はそれにふさわしい家柄から」といった古風な心情が芽生えたことも想像に難くない。だが、踊り子ふぜいとせいのいう笠置シヅ子は、かなり知られた漢学者を祖父に持ち、父は南原繁元東大総長の後輩で、その縁からのちには南原繁が後援会長をつとめるなど、決して悪い家柄ではない。倒産した荒物問屋の吉本家とくらべ、さして遜色《そんしょく》はないだろう。穎右が病弱であったこと、一代でなした巨大な産をとられるのがいやだったこと……などなども、息子の笠置シヅ子との恋愛を、せいが激しく憎悪した理由のひとつではあるかもしれない。

吉本せいは、息子穎右の恋愛そのものが許せなかったのである。相手が誰であろうと問題ではなかった。たまたま笠置シヅ子であったから、せいは笠置を目の敵にしただけで、穎右と恋愛する者が許せなかったのである。穎右と恋愛する者が許せなかったと、たったいま書いたのだが、これは、「穎右の恋愛が許せなかった」と、書き直すべきかもしれない。嫉妬心のひと一倍強かった吉本せいは、実弟の林正之助が東宝の重役になったことに嫉妬したごとく、いやそれ以上に、溺愛していたわが子の恋愛に嫉妬の炎を燃やしたのである。壮絶な、近親憎悪であった。許せなかったのは、笠置シヅ子ではなく、わが子吉本穎右であった。吉本せいは、溺愛した穎右に裏切られたことによって、「家庭的に不幸な女」という自らの立場を完結させたのだ。

吉本せいが、六十年の生涯を閉じたのは、昭和二十五年三月十四日のことで、新聞の訃報《ふほう》にある「西宮市瓦林弁天の自宅」というのは、南区笠屋町にあった持ち家が戦災にあったため、別宅にしていた甲子園の家に移り住んでいたのである。穎右が死んで三年近くたっていたが、息子の裏切と死が、せい自身の生命をちぢめたといわれる。宿痾は悪化する一方で、ほとんど大阪日本赤十字病院の特別室にはいったきり、そこが定宿のようになっていた。占領軍に手をまわして得た高価な新薬を惜し気もなく使い、金にあかして当時としては最高の治療を受けたが、病いには勝てなかった。あらゆるものを金のちからで手にいれた吉本せいだが、家庭の幸福と自身の健康を買うことだけは果せなかったことになる。

本葬は天王寺で盛大に営まれ、豊中の服部霊園に墓があるときいた。

終章　南区心斎橋筋二丁目

日本橋の丸善に、万年筆の修理をたのみに出かけたときは、ついでに書籍売場のほうものぞくのがつねなのだが、ふだんだったらまず足のむかない経営書や証券関係の本のならんだコーナーで、面白いものを見つけた。いや、面白いと感じたのは、こちらがこうした世界にまったくうといからなので、関心のあるひとにとっては、面白いなんてものではなくて、必要有益な資料であろう。『有価証券報告書総覧』と表紙に刷られた、大蔵省印刷局発行になるパンフレットである。僕の暮しに、縁もゆかりもないこんなパンフレットを、しかも三十ページ足らずにしてはいささか高価に思われる九百二十円也を投じて買い求める気になったのは、たまたま一冊だけはみ出ていたそれが、吉本興業株式会社のものだったからである。

「証券取引法第24条第1項に基づく」とあるその「報告書」は、事業年度第66期、「自昭和60年4月1日　至　昭和61年3月31日」のものだった。「代表者の役職氏名」は、「取締役社長　八田竹男」となっていた。

こうしたパンフレットに目を通したことの一度もない門外漢で、しかも数字にまるで弱い人間にも、「番組制作費等の高騰に悩み、結果として当期純利益では八五五、七〇五千円に止まった」と「概況」でいいながらも、六十五億三千三十九万円という第六十六期の売上高が、なみの数字でないことはよくわかる。こうした数字からいまや、吉本興業株式会社を、旧態依然の「興行師」としてとらえる者はいないだろう。数あるレジャー産業のなかでも、有数の優良企業と目されているのである。

吉本興業株式会社の株式は、第一部市場に上場されているのだが、いわゆる藝能プロダクションで上場企業というのは、世界でもあまり例がないときく。しかも自己資本率八十三パーセントで、長いこと無借金経営をつづけているあたり、証券業界でも注目しているらしい。いるらしいなどと、はっきりしないいい方をしたについては、いささかのわけがある。このようなすぐれた企業としての評価は、株式投資などを通じて、経済界の動きに格別の関心のあるひとたちのあいだだけであって、そうしたこと無縁のひとびとのあいだでは、まったくちがったイメージを持たれているのである。

いま、テレビのお笑い番組は、吉本興業専属のタレント抜きには考えられない。明石家さんま、横山やすし、西川きよし、桂三枝、阪神・巨人、西川のりお、島田紳助……と、名前をあげだしたらきりがない。そして、おどろくべきことは、彼らの出演している番組の視聴者のほとんどすべてが、彼らが、「ヨシモト」の専属なのを知っている事実である。おなじようなタレントでも、ビートたけしが太田プロであるとか、タモリが田辺エージェンシーに所属しているなどということは、それほどに知られてはいないし、視聴者の関心だって、たけしなりタモリなりの持っているタレント性にあるので、所属する事務所のことなどどうでもいいことなのだ。ところが、吉本興業のタレントばかりは、「吉本の人間であること」が、そのタレント自身にも、視聴者にも、大切なひとつのポイントなのである。

こうした現象の生まれた原因の第一は、やはりタレント自身が、テレビの番組のなかでなにかにつけ吉本という自分の所属している会社名を連呼するからだろう。むかしから、藝人には、自分の所属する組織のことを、単に「会社」とよぶ習慣がある。

だから、歌舞伎俳優や、藤山寛美が「会社」といったら、それは松竹のことを指すのだ。このあたりの事情は、寄席藝人でも変りなく、なんらかのかたちで所属する組織を持つ例の多い大阪の落語家なども、自分の所属する会社のことが会話のなかに出てくるときなど固有名詞がありながら、ただ「会社」とだけいうばあいが多い。それが、吉本興業に所属する者に限って、はっきり「ヨシモト」と口にする。しかも彼らの「ヨシモト」というひびきには、自分の会社に対する誇りも、愛情も、まるでないかのようにしか聞こえないのだから、やはりこれは尋常なことではないように思われる。

つまり彼ら専属タレントの口にする「ヨシモト」なる会社は、正式の社名を吉本興業株式会社といって、大阪市南区心斎橋筋二丁目24番地の1に本社があり、昭和五十六年四月増資後の資本金十五億一千二百万円という優良企業としての実体とは、まるでちがった、なんといおうか、彼らの使う大阪弁をそのまま真似れば、「そらもう、えげつのうて、どうしょもない」組織なのである。

ひとつだけ、彼らの口にするヨシモトの悪口を紹介すれば、「ピンクレ」というのがある。タレントのギャラを、「ピンハネ」するのは、ふつうの会社のやることで、「ヨシモト」のばあいは、「ピンクレ」だというのである。ピンのほうを会社がハネるのでなくて、タレントにクレるほうがピンというわけだ。

要するに、彼らが「ヨシモト」と、自分の所属する会社名を口に出すだけで、それがテレビ番組の笑いのタネになるのである。ということは、そうした材料だけしか与えられていない善良なテレビの視聴者など、「ヨシモト」とは、前近代的な悪徳プロダクションだと単純に信じこんでしまいかねない。

じつをいうと、吉本興業株式会社という企業のすごさがここにある。上場されている企業にとって、まかりまちがえば株価にも影響しかねないような、イメージダウンを招く発言を所属のタレントにさせるだけさせておいて平然としていられるすごさである。

この種の会社にとって、タレントは商品なので、その商品が売れないことには会社は商売にならない。その大原則を、吉本興業という会社は、むかしから熟知していた。創業者の吉本吉兵衛・せい夫妻いらい、一貫してこの会社は売れる藝人をつくりつづけてきた。エンタツ・アチャコがそうだし、桂春團治がそうで、ワカナ・一郎もそうだ。そして昨今のブラウン管をにぎわしている多くのお笑いタレントたち。こうした藝人を売り出すために、吉本はありとあらゆる手だてをつくしてきた。そのためには、多少あこぎなことだってやってきたので、ひとりの藝人を売り出すために、じつに多くの藝人やその周辺のひとたちが犠牲を強いられた。それが、創業いらいの「ヨシモト」という組織の伝統となっていたのだ。

だからタレントは、「いつか自分を売ってくれる」という思いを吉本興業という会社にいだきつづけている。ひとたびチャンス到来すれば、他人をけ落してものぼって行こうという気持をひめている。そんな思いを、いだかせるあたりが、吉本興業という組織の実力であり、自信なのである。そんな会社に対する、タレントの信頼や愛情や、ときには忠誠心が裏がえしのかたちになって、あえて「ヨシモト」の大阪商法に徹したえげつなさを強調してみせる。こんなえげつない会社にしばられて、身動きとれないという自嘲の叫びのようにきこえる。

戦前の吉本の漫才重視政策が、すぐれた藝を持った落語家を、すみに追いやったことがあった。借金でしばられていた落語家たちは、「わいら、女郎とおなじや」と、かげのほうでちからなくぼやくだけだった。当今のタレントたちは、えげつない会社のやり口を、自虐的な叫びに変えて、自らの「藝」として売りにかかるのだ。

吉本せいという女興行師の業績を、いまあらたまってふりかえってみると、「女」

であることを精一杯利用してきたように思う。「女だてらに」と、「女ならでは」という両面を、たくみに使いこなした才覚は、他人の頭脳や行動まで自分のものにしてはばからない。女である吉本せいは、男の手を借りている事実があってなお、自分のちからでなし得たように装いを変えてしまうのだ。だから、夫の吉兵衛は、莫大な借財を残して死んでいった怠け者でなければならなかったし、実弟の林正之助も林弘高も、姉のプランをただ実行するだけのあやつり人形でなければならなかった。夫の吉本吉兵衛は、それこそ死人に口なしで弁解の機会すら与えられずに終っているわけだが、林正之助も林弘高も、女である姉の自意識を満足させておくことが、仕事をうまく回転させる便法《べんぽう》になるし、結局は自分にプラスして帰ってくるのを知っていた。血をわけた姉弟としての心情と、男ならではの醒めた目がそうさせたのである。

ここで吉本興業の変遷をふりかえってみると、明治四十五年（一九一二）の第二文藝館の創業にはじまり、大正二年（一九一三）に設立された吉本興行部が、昭和七年に吉本興業合名会社となり、昭和十三年には資本金四十八万円で株式会社に改組している。敗戦後の昭和二十三年一月に資本金六百五十万円の吉本興業株式会社として上場されていらい増資を重ねて、こんにちに至っているわけだが、創業七十五年の歴史のうち、吉本せいがタッチしたのはその前半の三十八年間である。こんにちの吉本興業は、昭和六十一年に八十七歳の身で会長から社長にカムバックした林正之助以外に、吉本せいの息のかかった社員はもういない。優良企業吉本興業株式会社を支えている中枢の社員の全部が全部、吉本せいをまったく知らない世代で占められている。なのに、その吉本の専属タレントたちが口にする、「うちの会社ヨシモト」は、かつての吉本せいの陣頭指揮していた時代の、えげつないまでの大阪商法に徹した興行師の集団なのである。

情報化時代などといわれる昨今では、企業イメージというものがなによりも重視される。そうした時代の先端をいくメディアであったテレビと手をたずさえながら成長をとげてきた企業が、旧態依然たる興行師のにおいをまき散らしているかのごときイメージを、商品である自分のところのタレントが吹聴《ふいちょう》することを許容しているなどは、考え方によれば、ずいぶん度量の大きな姿勢のようにも見える。お笑いタレントのジョーク如きで左右されるような組織ではないといった自信のようにも感じられる。

しかしこんにちの吉本興業株式会社自体がこうしたえげつない体質を有しているかの如きイメージを、たくみに利用している面もなくはない。それは、スキャンダルをもたくみに宣伝に利用してきた吉本せいの時代から、めんめんとつづいている吉本のもっとも得意の商法なのである。

たとえばタレントのテレビ出演のばあいを見ると、ふつうどんな売れっ子タレントでも、テレビ局側はあらかじめ定められたランクどおりのギャラを支払えばいいことになっている。ところが吉本興業のばあいランクどおりのギャラだけですんだことがないといわれる。表面上はランクどおりの出演料なのだが、制作協力費のような名目で、ギャラ以上の裏金を要求するわけだ。

テレビ局や制作会社の現場のひとたちが、しばしば口にすることだが、自分たちに都合の悪いことや、あまり益するところがないと判断したことに関して、吉本の社員は平気で居留守を使うという。居留守を使っていることが相手にわかっていてなおそれを使いつづけるしたたかな神経は、こうして逃げられるだけ逃げておけば、いつかは自分たちに有利な方向に、むこうが折れてくるという計算があるからなのだが、会社ぐるみでこんな方策でことにあたる古い体質は、いぜんとして残されているかにうつる。

かかえているタレントが、もう必要ないと見切りをつけたときのきびしさは、非情きわまりないものがあるが、必要と見込めばたとえ仕事がなくても給料を支払いつづける、一見温情主義的なやり方も吉本せい時代と変らない。横山やすしが、しばしば問題を起こして、謹慎処分をくっていたあいだも、吉本が給料を支払いつづけたのは、謹慎を適当な時期に解除すれば、これまで以上に稼げるというしたたかな計算があったからだ。これに対し、月亭可朝のばあいなど、じつにあっさり首を斬っている、可朝に、それだけの価値を認めなかったからだが、このとき大阪のお笑いタレントのあいだで、

「きょう吉本に電話して、『可朝さん』っていったら、『そんなひと、知りまへん』と答えられた」

という楽屋ばなしがとび交ったものだ。つくりばなしとしても、よくできているが、ひょっとして実話でもおかしくはない要素が、この会社には沢山ありすぎるような気がするのだがどんなものだろう。

丸善で買った、吉本興業株式会社の『有価証券報告書総覧』の、「大株主」や「役員の状況」という欄を見ても、林姓を名乗るひとは目につくが、社名になっている吉本姓はひとりもいない。もはや吉本せいの色彩は、資本構成の上からは払拭されたよ

うである。そう思って、なんの変哲もないこのパンフレットをながめてみるのだが、しごく無機的にならんでいる数字の列の裏側に吉本せいの遺産が息づいているかのように見えてくるのだから面白い。

あとがき

吉本せいのことを書いてみたいと考えたのは、ずいぶん前のことだ。本文でもちょっとふれているが、一九七四年には取材をはじめているのだから、それからだけでももう十三年になる。

「序章　家庭」から、「四　エンタツ・アチャコ」までを、「浪花演藝史譚　吉本せいの時代」として載せた「中央公論　文芸特集」は、一九八五年秋季号と冬季号である。「五　落語との訣別」以降は、今回新たに加筆したわけだが、取材をはじめてから書きはじめるまでに、予想外の時間がかかってしまったのは、ただただ僕の怠慢によるもので、ほかの理由はなにひとつない。ただ、取材をはじめた頃は、まだ吉本せいを直接知るひとがかなり現存していて、そうした方々からはなしを伺うことのできたのが、いまになってみると幸運であった。そんな取材の筋道をつけてくれたひとを含めて、じつに多くの方々のお世話になっている。お名前を記すのはひかえるが、厚くお礼を申しあげたい。

吉本せいという女興行師については、いろいろの評価があろうが、やはり稀有《けう》なる演藝プロデューサーであったと思う。

敗戦後、この世界にも多くの女性プロデューサー、女性マネジャーが輩出し、すぐれた人材も少なくない。夭逝した吉田史子さんや、つい最近突然の死でおどろかされた吉田名保美さんなど、僕自身親しくその仕事ぶりにふれてきた。だが、見知らぬひとである吉本せいくらい、女であることを、巧みに自分の仕事に活かしてみせた才覚は、ほかに例がない。女であることを、すぐれた武器とするべくこころみたひとは、これまでにも少なからずいたはずだが、これだけその身にそなわった存在というのは、ちょっと思いうかばないのである。スケールの大きな、なかなか魅力的な女性であったように思う。こんな婦人を存在させた「時代」が、僕には格別面白い。

吉本せいの生涯をたどりながら、その事業のおおよそにふれてきたつもりだが、満洲事変の勃発後、ただちに組織し派遣した演藝慰問の「わらわし隊」に関しては、あえてなにも書かなかった。調べていくうちに、多くの移動演劇や、藝人の海外派遣をふくめた、戦時中の慰問演藝は、独立したひとつのテーマになることに気がついたからである。折を見て、こちらはこちらでひとつにまとめてみたいと思っている。

本文中に登場する人名の敬称をはぶいたこと、藝名をふくむ人名の字体は、正字新字まじりあっているが慣用にならったこと、引用文は原則として原文を尊重したことなどをお断りしておく。

最後に私事をひとつ書かしていただけば、この仕事に格別のはげましを与えてくれながら、取材の便宜などもはかってくれた元帝国劇場支配人大河内豪君が、一昨年暮に憤死して果てたため、この書についての批判をあおぐ望みが断たれてしまったのが残念でならない。

一九八七年　初秋

矢野誠一

『女興行師　吉本せい』余滴——文庫版あとがきに代えて

ものを書く人間だったら、誰しも感ずることだと思うのだが、作品には、どうしても運・不運がつきまとう。もちろん、書いたものすべてが、好運の星の下をひとり歩きしてくれればいうことないのだが、なかなかそうはいってくれない。

小幡欣治氏の脚本になる『桜月記』の原作である私の『女興行師　吉本せい』は、こうした点から申すならば、きわめて強い運を持っているような気がして、嬉しい。

大阪の女興行師で、こんにちの吉本興業の基礎をつくった吉本せいの生涯は、山崎豊子氏が『花のれん』なる小説に仕立ててからというもの、数々の舞台化、テレビドラマ化がなされており、ひろく知られるところとなっている。そんな吉本せいの生涯を、私なりの目でもってもう一度追ってみたいと考えたのは、「女だてらに」と「女ならでは」という両面をたくみに使いこなして、大阪の演藝界を席捲してみせたこの偉大なプロデューサーの内側に、冷厳なくらいの孤独の影を見たからである。取材をはじめたのが一九七四年で、中央公論社から初版の出たのが八七年だから、単純計算しても十三年かかった。本の「あとがき」に、「予想外の時間がかかってしまったのは、ただただ僕の怠慢によるもので、ほかの理由はなにひとつない」と書いたのだが、嘘もかくしも、気取りもない、まったくの正直である。

ただ、取材をはじめた頃は、吉本せいを直接知るひとが、まだまだ大勢健在で、そのひとたちから多くをきくことのできたのは、いまにして思えばたいへんに有難いことであった。そうした生きた材料をふんだんに使えたことが、多少とも吉本せいの生きた時代を裏うちしていく作業に、格別の役にたったのだと、いまでも思う。生来の怠慢という事情から、やっとこさで日の目を見た『女興行師　吉本せい』だが、思いがけず多くの人の目にとまることができた。「新聞、雑誌の書評欄にこんなに沢山取りあげられた新刊は、あまりない」と、多くのひとにいわれたし、知友ばかりか、ずいぶん沢山の未知の読者からもお便りを頂戴して、もの書き冥利につきたものである。

思いがけない受け入れ方をしてもらえたについては、無論吉本せいという婦人像に対する関心によるところ大なのだが、本の出たのが、時あたかもテレビ演藝の高潮期で、その番組に多くのタレントを供給している吉本興業という会社に対して、世間的関心がかなり高まっていたことも無視できない。まことにタイミングのいいことであった。書評のなかには「十三年かけた労作」といった、顔あからめて汗の出るような過褒もあったが、十三年かけたのではなくて、十三年前に取材したものが、たまたま刊行される時期を得たという、これはもう僥倖とでもいったほうがふさわしいものなのである。以上が、『女興行師　吉本せい』の背負っている、第一の強運である。

どんな作品でもそうだろうが、一度書き手の手をはなれると、勝手にひとり歩きしだすようなところがある。『女興行師　吉本せい』のばあいも事情はおなじで、私自身思いもかけなかった方向に歩んで行った。

敬愛する小幡欣治氏は、拙作に対して、いつも懇切丁寧なる読後感など寄せてくれていて感謝していたのだが、この『女興行師　吉本せい』を、劇作家の目で読んでくれたのである。

ふだん嘘ばかりついている私は、せめて原稿用紙にむかったときくらいほんとのことを書きたいと念じてきたし、いまでもそう思っているので、いわゆるフィクションものを書いたことがこれまでにない。ノンフィクション専門なのである。だから、自分の作品が劇化されるなんてことは、考えたこともなかった。それだけに、こんどの『桜月記』の上演は、なんだか夢を見ているような気持が、未だにしている。

私が、自分なりの吉本せいを書く気になったのは、すでに知られた偉大な女プロデューサーとしての業績もさることながら、そのバイタリティあふれた明るさの裏側にひそむ「女」ならではの孤独感に魅かれたからであることは前に記した。それにもうひとつ加えるならば、吉本せいのはなばなしい業績とともに流れた「時代」というものにも、かなりこころが動いた。つねに、時代とのかかわりのなかで「寄席演藝」というものをとらえてきたプロデューサーであったので、このことを離れて、吉本に代表される大阪の演藝は語れないという思いがあった。『女興行師 吉本せい』の前半部を、季刊雑誌「中央公論 文芸特集」に載せたのは、一九八五年なのだが、そのときのタイトルは、「吉本せいの時代」となっている。小幡欣治氏の『桜月記』は、吉本せいの孤独を、その時代に即してものの見事に描いてくれた。

このところ幾多の賞を総なめにして、大輪を咲かせた感のある森光子氏だが、ここで急に劇評家的な口をきかせていただけば、『放浪記』に代表されるその仕事は、現代日本女性史の語り手であることに、格別の価値がある。菊田一夫作『放浪記』の林芙美子、小野田勇作『おもろい女』のミス・ワカナ、小幡欣治作『夢の宴』の長尾よね、と、私たちの生きてきた昭和という時代の片隅に、けなげに、したたかに、そして美しく生きて花咲かせた婦人像が、すっくと立っている。いま新たに吉本せいがそれに加わることになったわけである。同時代を生きたひとの生涯を、追体験しながら舞台に生きるなどは、いうところの役者冥利につきることだが、かくも多彩な昭和女性史を演じ得るのは、森光子氏をおいてほかになく、感嘆にたえない。

芝居を見て、その批評など書くことも、なりわいのひとつにしている身とあって、当世演劇事情に関しては熟知しているつもりである。そうした事情をふまえて、望み得る最高のスタッフとキャストを得て、ここでまた新しい光があてられる……これが『女興行師　吉本せい』についている、もうひとつの強運である。

勝手に、自分の作品に恵まれた強運について書いてきたが、考えてみれば吉本せいという女性自身すこぶる強運のひとであったように思う。もちろんその強運をもたらした当人のなみはずれた才覚を無視することはできないのだが、彼女自身そうした星の下に生まれたのであろうことも否定できない。

人物事典風に記すならば、「一八八九・一二・五〜一九五〇・三・一四」が、吉本せいの生きた時代ということになるのだが、はなしにきくこの時代の寄席演藝の絢爛たるはなやかさを思うとき、新しい藝の生まれる要素のふんだんにあった時代に、うまく居あわせたということでもある。人間は、自分の才能にふさわしい時代を選んで生まれてくるわけにはいかない。すぐれた才能が、時代からそっぽをむかれ、その死後にあらためて高い評価を得た例は、それこそ枚挙にいとまがない。

まれに見る強運の持主を書いた拙作が、その強運のおこぼれにあずかったということになりそうだが、たとえおこぼれであっても、嬉しいものは嬉しいのである。

（一九九一年三月・帝国劇場パンフレットより）

ちくま文庫新版あとがき

この国の社会に根強く存在していた男女差別が解消されるにしたがって、「婦人」という呼称のかげが薄くなり、「女性」にとって代わられたように思う。戦争に敗けて、新憲法が施行され、女性が選挙権を得たことが話題になった際も、常に「婦人参政権」とか「婦人代議士」と言われてたのを思い出す。

『新明解国語辞典』で「婦人」を引いてみたら「〔「婦」は、よめの意〕社会の中でなんらかの役割を負っているものとしてとらえられた、女の人。〔「女性」より古い語感を与える〕」とあった。ついでに「婦人」を古い語感としているこの辞書の「女性」の項を見たら、「おとなになった、女の人の称。」とそっ気なく記されていた。

いずれにしても、吉本せいはまぎれもない「婦人」で、「婦人の時代」を生きた。

寄席演藝に関する文章を書く機会のなにかと多かった私が、吉本せいを書いてみたいと思ったきっかけは、やはり山崎豊子『花のれん』を読んだことだ。たまたまその時分茅ヶ崎に住んでいた私が、しばしば同じ電車に乗りあわせた「中央公論」編集部の佐藤優氏に吉本せいを書くことをすすめられ、資料など集めだしたのが本文中にも記したとおり一九七四年頃だから、もう四十三年になる。中央公論社から親版が刊行されたのが一九八七年。中公文庫化が一九九二年。ちくま文庫になったのが二〇〇五年、そしてこの新版と、思えば十年位周期の節節に、私は吉本せいという黄泉の婦人と見《まみ》えていたことになる。そのつど彼女への愛着の念が強まっているのに気づくのだ。

創業者吉本せいの名を知らぬ人でも、昨今のメディア媒体に「お笑い藝人」なる多くのタレントを送りこんでいる、吉本興業という名の組織の存在はみんな知っている。「ヨシモト」はもはや創業者にかかわりなく、ひとり歩きしている。そしてヨシモト専属の彼、彼女らが、舞台やテレビのバラエティ番組などで、臆面のなさを発揮することで客や視聴者の共感を得ようとする姿勢は、吉本せいの時代には考えもつかぬものだった。つねに藝が客のこころをどうつかむかに腐心していた吉本せいの思いをよそに、藝は大きく変質して、藝というより、創造性のない風俗、風潮と化してしまったのが現実だ。

その大きく変質したヨシモトのタレント、藝人たちが、吉本せいの時代から確乎たる揺るぎのなさを持ちつづけ、一応の評価を与えねばならぬのは、関西文化圏が大阪弁に代表される固有言語に固執してるのに準じていることだけだ。

この国における演藝プロデューサーの嚆矢であり、それにつづく人のまったく現れていない吉本せいへの興味と関心は、彼女を主人公にしたNHKテレビの朝ドラ『わろてんか』の放映に見るごとく、不滅のものがある。

新版にあたって、三十年前の文章を読みかえして、懐かしさ限りなしの思いにかられている。一人称を僕としていること、元号表記を優先して西洋暦を括弧内におさめていることなどにも懐かしさがつのるが、単純な誤記、誤植を正した以外、もとの文章に手を加えることは一切していない。

あらためて、この著を書かせてくれた中央公論社の故佐藤優氏、ちくま文庫化の際お世話になった筑摩書房編集部にいた長嶋美穂子（玉川奈々福）さん、新版にあたってご足労願ったちくま文庫編集長伊藤大五郎氏と同編集部の窪拓哉氏に、厚く感謝申しあげます。

二〇一七年　土潤溽暑　　矢野誠一

この作品は一九八七年九月中央公論社より刊行され、一九九二年二月中公文庫として、二〇〇五年にちくま文庫として刊行されたものの新版である。

ちくま文庫

二〇一七年九月十日 初版第一刷発行

新版 女興行師 吉本せい
――浪花演藝史譚

著者　矢野誠一（やの・せいいち）

発行者　山野浩一

発行所　株式会社　筑摩書房
　　　　東京都台東区蔵前二-五-三　〒一一一-八七五五
　　　　電話番号　〇三-五六八七-二六〇一（代表）
　　　　振替〇〇一六〇-八-四二二三

装幀者　安野光雅

印刷所　三松堂印刷株式会社

製本所　三松堂印刷株式会社

乱丁・落丁本の場合は、左記宛にご送付下さい。
送料小社負担でお取り替えいたします。
ご注文・お問い合わせも左記へお願いします。
筑摩書房サービスセンター
埼玉県さいたま市北区櫛引町二-六〇四　〒三三一-八五〇七
電話番号　〇四八-六五一-〇〇五三

© Seiichi Yano 2017 Printed in Japan
ISBN978-4-480-43471-5　C0176